A ETERNA PRIVAÇÃO
DO ZAGUEIRO ABSOLUTO

LUIS FERNANDO VERISSIMO

A ETERNA PRIVAÇÃO
DO ZAGUEIRO ABSOLUTO

©1999 by Luis Fernando Verissimo
Todos os direitos desta edição reservados à
EDITORA OBJETIVA LTDA., rua Cosme Velho, 103
Rio de Janeiro - RJ - CEP: 22241-090

Edição
Isa Pessôa

Capa e Projeto Gráfico
Silvia Ribeiro

Foto de Capa
copyright by Thomaz Farkas

Revisão
Izabel Cristina Aleixo
Nilce Guimarães
Fátima Fadel

Editoração Eletrônica
Abreu's System

As crônicas aqui reunidas foram publicadas no *Jornal do Brasil*, *O Globo* e *Zero Hora*, entre agosto de 1997 e setembro de 1999.

V516 e
    Veríssimo, Luis Fernando
       A eterna privação do zagueiro absoluto: as melhores crônicas de futebol, cinema e literatura / Luis Fernando Verissimo. – Rio de Janeiro: Objetiva, 2001.

    195 p.   ISBN 85-7302-276-0

    1. Literatura brasileira – crônica. I. Título.

                                           CDD B869.4

Sumário

FUTEBOL

Fome de bola

A PRIMEIRA *11*, ARRASADOR *13*, GARRINCHA *15*, O FIM DE UM MITO *18*, O TÉCNICO *20*, SUPERSTIÇÃO *22*

O que elas têm a ver com isso

SEXO E FUTEBOL *25*, A IMPORTÂNCIA RELATIVA DAS COISAS *27*, CHOQUE CULTURAL *30*, FRESCURAS *33*

Homens em campo

DUAS VELAS *37*, IMARCÁVEIS *39*, APELIDOS *41*, TALENTO *43*, O MISTÉRIO DOS DONIZETIS *45*, O "PSICOLÓGICO" DO RAÍ *47*, EDMUNDO, SIM OU NÃO? *49*, ZAGALLO E A POSTERIDADE *51*, BOTAFOGO *53*

Um brasileiro na Copa

ANALOGIAS *57*, SER BRASIL *59*, OS CANHOTOS *61*, FORA DO GRÁFICO *63*, O CHOQUE *65*, RECAPITULANDO *67*, CONSOLO *75*, SCRIPTS *77*, A LÓGICA *79*, RESERVA *80*, OS DUNGAS *82*, SALADA *84*, A ELEGÂNCIA DOS ESCOCESES *86*, EMPATIA *88*, À GRANDE VITESSE *90*, MAU TREINO *93*, MEU CORAÇÃO *95*, A FAVOR E CONTRA

98, A SEGUNDA MENSAGEM *100*, O QUE NOS ACONTECEU *102*, O QUE REALMENTE ACONTECEU *104*, SONHO *107*

CINEMA

O melhor começo

PRIMEIRAS APARIÇÕES *113*, OS *TRAVELLINGS* DO KUROSAWA *115*, OS SEIOS DA MARTINE CAROL *117*, O PONTO DE RUPTURA *119*, KUBRICK *121*

Sobre comédias e vilões

ESCARAFUNCHADORES *125*, SHAKESPEARE APAIXONANTE *127*, EVITA *129*, O ARQUIVILÃO *131*, DO CINISMO *133*, ELES MERECEM *135*, EXEMPLO MORAL *137*

LITERATURA

Realismo fantástico

QUANDO EU ERA INVISÍVEL *143*, O QUE VEM AÍ *146*, ICEBERGS *148*, MEMÓRIAS DE UM LEPITÓPI *150*

Secos e suculentos

DIFERENÇAS DE ESTILO *155*, INVENÇÕES *157*, POMBAS E POMBAS *159*, POMBAS E POMBAS (2) *161*, CINISMO *163*, PREABSOLVIÇÃO *165*, MAR DE PALAVRAS *167*, O INSUBMERGÍVEL OSCAR WILDE *171*, VANGUARDAS *173*

O feitiço do livro

LOLITA *179*, DEPOIS *181*, RESSENTIDOS *183*, VICE-VERSA *185*, OS PORTOS NÃO PRESTAM *187*, FEITIÇO *192*, PERIGO *194*

FUTEBOL

Fome de bola

A PRIMEIRA

ão sei de que material é feita a bola de futebol, hoje. Quando ganhei a minha primeira bola, ela era feita de couro. Tinha uma câmara dentro, como nos pneus. Enchia-se a câmara de ar com uma bomba de bicicleta – ou com os pulmões mesmo, naquele tempo se tinha fôlego – e ajeitava-se o mamilo da câmara dentro do couro da melhor maneira possível, antes de amarrar os cordões da bola, que tinham cadarços como as chuteiras. Isto tudo foi neste século, sim. Minha primeira bola tinha o tamanho regulamentar, era uma número cinco autêntica. Os locutores de rádio chamavam a bola de futebol de "a número cinco", além de "o esférico", "a pelota" etc. O couro da bola tinha cor de couro, ou então era um pouco mais vermelho. A bola pintada de branco só era usada em jogos noturnos, não era a verdadeira. O couro reluzia.

Hesitava-se muito antes de dar o primeiro chute na bola nova, pois o couro começaria a ficar arranhado no primeiro toque. Era um dilema, você não conseguia resistir ao impulso de levar a bola para a calçada e começar a narrar seus próprios movimentos com ela como um locutor entusiasmado – "domina a número cinco, atenção, vai marcar, dá de charles... goooool! Sensacionaaaaal!" – e ao mesmo tempo queria prolongar ao máximo aquela sensação do couro novo, intocado, em suas mãos. A compulsão de sair chutando ganhava. Depois de dois dias de futebol na calçada, a bola nova estava irreconhecível. O couro ia empalidecendo como um doente. E a primeira coisa que desaparecia era o que depois mais perdurava na memória, o cheiro de novo. Nenhum prazer do mundo se igualava ao do cheiro do couro de uma bola de futebol recém-desembrulhada latejando em suas mãos. (Ainda não se tinha descoberto a revistinha de sacanagem.) Imagino que o nosso antepassado que pela primeira vez meteu a mão no buraco de uma árvore e depois lambeu o mel nos seus dedos tenha tido uma sensação parecida, a de que a criação é difícil mas dadivosa, e há mais doçuras no mundo do que as que se têm em casa. Quase tão bom quanto o cheiro da primeira bola era correr atrás dela, mesmo que só fôssemos craques na nossa própria apreciação ("Que lance, senhoras e senhores!" eu gritava, mesmo que só estivesse fazendo tabela com a parede). Correr atrás da primeira bola é o que nós todos continuamos fazendo, tamanhos homens, até hoje. E continua bom.

ARRASADOR

uando quero impressionar as pessoas com minhas lembranças, conto que vi o Domingos da Guia jogar e o Charlie Parker e o Dizzy Gillespie tocarem juntos, provavelmente com Bud Powell ao piano, no velho Birdland de Nova York. Quando noto que só estou impressionando com minha idade, me apresso a dizer que era garoto quando o Domingos da Guia foi jogar em Porto Alegre com o Corinthians, em fim de carreira, e só conseguia entrar no Birdland porque ninguém se lembrava de pedir prova de que eu não era um adolescente. Mesmo assim, são cada vez mais freqüentes os desencontros de referências que nos convencem de que estamos deslizando para a obsolescência como um pé entrando num chinelo. Velho. Para quanta gente o termo "domingada" em referência à jogada de um beque ainda significa alguma coisa? Pensando bem, para quanta gente o termo "beque" ainda significa alguma coisa?

"Domingada" era uma jogada típica do Domingos da Guia dentro da sua grande área, um drible ou um toque de efeito que misturava calma, técnica e irresponsabilidade em doses iguais e maravilhava os torcedores que não matava do coração. Pior do que o interlocutor que não sabe quem era Domingos da Guia é o interlocutor com toda a aparência de ser do seu grupo de idade e referências, que concorda com todas as suas opiniões sobre o da Guia e só no fim revela que está falando do Ademir da Guia, filho do Domingos. Esse é arrasador.

Pior do que isso, e do riso disfarçado de filhos e amigos de filhos diante de alguma gíria que escapa ("Comigo não, violão?!") é você, querendo simular que está por dentro, mora?, perguntar "Você acha que os Oásis são os novos Beatles?", e o outro, sem misericórdia, responder "Os novos quem?".

GARRINCHA

nde você estava no dia 17 de junho de 1962? Quem ainda não era nascido, por favor, vire a página e nos deixe com nossas memórias. Foi o dia em que o Brasil ganhou a Copa do Mundo pela segunda vez seguida, no Chile. Até hoje, é pavloviano: quando penso naquela Copa, ouço a música "Et maintenant" e sinto o gosto de cachaça com mel. Eu morava no apartamento de uma tia, no Leme. Acompanhávamos os jogos do Brasil pelo rádio tomando batidas de cachaça, cuidando para nunca variar a rotina que estava obviamente ajudando nosso time. A Clarice Lispector era vizinha, mas não me lembro dela participando destes rituais. Sentimos que tínhamos feito alguma coisa errada quando o Pelé se machucou, teríamos trocado a marca da cachaça? Depois descobrimos que tudo estava previsto. Com o Pelé machucado, o Garrincha se viu na obrigação de jogar por quatro e ganhar a Copa. A celebração das vitórias sempre começava com "Et maintenant" a todo volume no toca-discos e geralmente acabava no restaurante Fiorentina, ali perto. Vitória do Brasil era apenas outro pretexto para festa no Fiorentina, aonde iam "os artistas" e aonde pareciam estar sempre comemorando alguma coisa. Hoje sei que se celebrava o fato de

termos todos 35 anos menos do que teríamos um dia. Garrincha e Gilbert Becaud, quem podia com esta tabelinha?

1962. Eu tinha saído de Porto Alegre naquele ano com a idéia de ganhar algum dinheiro no Rio e depois ir para uma vaga Londres fazer alguma coisa mais vaga ainda ligada a cinema. Éramos movidos a cinema, naquela época. Eu não tinha diploma de nada nem qualquer vocação aparente, fora um discutível "jeito para desenho". A Clarice, amiga da família, chegou a telefonar para o Ivan Lessa, que trabalhava em publicidade, para ver se me conseguia um emprego. Não deu. Chegou um amigo de Porto Alegre, companheiro de inconseqüências, que ganhara uma bolada da venda de umas terras do pai e entre usar o dinheiro para se estabelecer ou queimar tudo num fim de semana no Rio optou pelo mais sensato e me convocou para ajudá-lo. Sim, tive meus três dias de condor, mandando baixar no Fred's (o Hotel Méridien hoje se ergue sobre as suas cinzas) e requisitando coristas para acompanhar nosso delírio de paulistas. A minha se chamava Letícia e, meu Deus, hoje deve ser avó. Foi uma despedida tardia da adolescência. Depois começou a vida real. Fui trabalhar com um americano com a promessa de ficar rico e quase acabei preso, casei, tentei um negócio que não deu certo e, quatro anos depois de me mudar para o Rio, voltei para casa. Que ficara ainda mais longe de Londres do que era antes. Lembro que a estrela principal do "Fred's" era a Lady Hilda. A Lady Hilda era intocável. A Lady Hilda namorava um delegado.

Em 1962, no Rio, você lia as colunas do Armando Nogueira, do Nelson Rodrigues, do Stanislau Ponte Preta, do Antonio Maria, do João Saldanha, do Paulo Francis escrevendo sobre teatro e mandando pau na direita... Quem mais? Na *Manchete* saíam as crônicas do Rubem Braga, do Paulo Mendes Campos e do Fernando Sabino, e na *Cruzeiro* as gloriosas duas páginas do Millôr. Jango estava no governo, as reformas de base eram uma possibilidade (se apenas o Lacerda deixasse, porque os militares estavam sob controle) e, como se não bastasse a Rose di Primo e o *sundae* do Bob's, havia o Garrincha. No auge, como todo mundo.

O FIM DE UM MITO

resci ouvindo dizer que o melhor goleiro do Brasil era o Veludo. Reserva do Castilho no Fluminense e tão bom que também era reserva do Castilho na seleção. Só não era o titular, diziam, porque era negro. Por alguma razão, negro no gol – principalmente no gol da seleção – era uma temeridade. O preconceito não se explicava nem por uma presunção racista de menor inteligência ou senso de responsabilidade. Ninguém invocava esta pseudológica quando um Didi, por exemplo, jogando no meio campo, era chamado de "cérebro" de qualquer time em que jogava. Estereótipos racistas sobre agilidade e elasticidade até favoreceriam uma tese inversa, a de que negro é mais confiável do que branco no gol. Mas quando o Barbosa deixou passar aquela bola de Ghigia, em 50, o preconceito, até então disfarçado, endureceu e virou superstição.

A melhor notícia da Copa América é a vitória pessoal do Dida, que acabou – espera-se que para sempre – com o mito obscurantista absurdo. Dida só não é perfeito porque ainda não dominou aquela velha praga, que também ouço desde criança: goleiro brasileiro não sabe sair do gol. Mas já é o titular indiscutível da seleção. Quando foi a última vez que pudemos dizer o mesmo de um zagueiro de área? Mesmo num torneio contra times fracos ou enfraquecidos como essa Copa América, a zaga andou dando sustos. Talvez seja uma sina brasileira, ou até outra antipatia irracional a caminho de tornar-se um mito, mas o fato é que podemos formar grandes times e ganhar tudo, mas nunca estaremos satisfeitos com a nossa zaga. Viveremos eternamente essa privação do zagueiro absoluto, como os portugueses esperando a volta de dom Sebastião, e ela se integrará ao nosso caráter.

Outras boas notícias da Copa América são Emerson e Zé Roberto, que não podem sair do time. E só o que impede o Rivaldo de ser o grande jogador brasileiro do momento é um vício burocrático: ele não consegue receber uma bola sem protocolar, carimbar, rubricar e só então encaminhar. Mas quando encaminha...

O TÉCNICO

odo brasileiro é um técnico de futebol frustrado. Deus é brasileiro. Logo, Deus é um técnico de futebol frustrado? Como Deus tudo pode, é provável que Ele seja o verdadeiro e eterno técnico da seleção, e os mortais que assumem a função apenas suas fachadas. Todos os técnicos da seleção brasileira seriam, na realidade, prepostos de Deus, o que explica o seu ar arrogante e sua recusa em aceitar nossos palpites. Só a certeza de terem uma delegação divina explica que os técnicos da seleção ignorem, sistematicamente, os conselhos dos que entendem de futebol mais do que eles – nós – e se julguem os donos da verdade. Nenhum ainda confessou que recebe orientações diretamente de Deus, mas isso está implícito na sua soberba.

Que Deus é o técnico vitalício do Brasil pode ser provado, e não apenas pela quantidade de Copas que vencemos e pela nossa superioridade incontestada no futebol. As próprias derrotas do Brasil são da responsabilidade de Deus, para não dar na vista e manter a ficção da sua neutralidade. E Deus, nas alturas, está na posição que todos os técnicos consideram a ideal para ver o jogo. Mas como é onipresente pode estar lá em cima e falando com o seu auxiliar do lado do campo ao mesmo tempo, sem a necessidade de *walkie-talkie* ou celular.

Se Deus precisa disfarçar, de vez em quando, que é o verdadeiro técnico do Brasil, seus delegados na Terra nem sempre têm esse cuidado. O ar de auto-satisfação do Zagalo que tanto irrita seus colegas, o resto da população, é na verdade uma falha no disfarce. Está na cara do Zagalo que ele se reúne periodicamente com Deus para tratar da estratégia da seleção e que nós podemos estrilar à vontade, porque ele só deve satisfações ao seu Chefe.

* * *

Agora: dizem que a perspectiva de enfrentar o Uruguai deixa até Deus preocupado. "Essa nem Eu controlo", costuma dizer o Todo-Poderoso, encurvado sobre os seus esquemas.

SUPERSTIÇÃO

a Copa do Mundo de 94, só fui a todos os jogos do Brasil vestindo a mesma camisa e fiz questão de que todos os que estavam ao meu lado na tribuna de imprensa sentassem exatamente na mesma posição porque no primeiro jogo deu certo. Claro que não foi minha camisa nem a formação repetida na tribuna de imprensa que ganharam a Copa. Se eu pensasse isto, aí sim seria um supersticioso. Foram a minha camisa, a formação na tribuna e os jogadores em campo, nesta ordem de importância, os responsáveis pela vitória.

No fim, nós, pitorescos subdesenvolvidos, não precisávamos nos envergonhar das nossas esquisitices nos Estados Unidos. Bastava entrar no elevador de qualquer edifício americano. Nenhum deles tem o 13º andar. A numeração pula do 12 para o 14 e ninguém se espanta muito com isso, nem protesta que o 14 é apenas o 13 com pseudônimo. No país da técnica e do progresso, os arranha-céus têm sempre um andar a menos do que dizem. Por medo do número 13. Esquisitos são eles.

*O que elas têm
a ver com isso*

SEXO E FUTEBOL

o que se parecem: o sexo e o futebol?

No futebol, como no sexo, as pessoas suam ao mesmo tempo, avançam e recuam, quase sempre vão pelo meio, mas também caem para um lado ou para o outro, e às vezes há um deslocamento. Nos dois é importantíssimo ter jogo de cintura.

No sexo, como no futebol, muitas vezes acontece um cotovelaço no olho sem querer, ou um desentendimento que acaba em expulsão. Aí um vai para o chuveiro mais cedo.

Dizem que a única diferença entre uma festa de amasso e a cobrança de um escanteio é que na grande área não tem música, porque o agarramento é o mesmo, e no escanteio também tem gente que fica quase sem roupa.

Também dizem que uma das diferenças entre o futebol e o sexo é a diferença entre camiseta e camisinha. Mas a camisinha, como a camiseta, também não distingue, ela tanto pode vestir um craque como um medíocre.

No sexo, como no futebol, você amacia no peito, bota no chão, cadencia, e tem que ter uma explicação pronta na saída para o caso de não dar certo.

No futebol, como no sexo, tem gente que se benze antes de entrar e sempre sai ofegante.

No sexo, como no futebol, tem o feijão com arroz, mas também tem o requintado, a firula e o lance de efeito. E, claro, o lençol.

No sexo também tem gente que vai direto no calcanhar.

E tanto no sexo quanto no futebol o som que mais se ouve é aquele "uuu".

No fim sexo e futebol só são diferentes, mesmo, em duas coisas. No futebol não pode usar as mãos. E o sexo, graças a Deus, não é organizado pela CBF.

A IMPORTÂNCIA RELATIVA DAS COISAS

 futebol dos sábados no sítio do Magalhães tinha começado como uma brincadeira, uma maneira de abrir o apetite para o almoço. As mulheres ficavam na piscina enquanto os homens jogavam num campo improvisado, que não tinha nem goleira. Três, no máximo quatro de cada lado. Na hora do almoço o jogo parava. Depois o futebol não era nem assunto entre os casais.

Com o tempo, o grupo de convidados para o almoço dos sábados começou a aumentar, e o futebol também. Magalhães ampliou o gramado e colocou goleiras. Os times se repetiam e aos poucos foram adquirindo uma identidade. Não demorou muito, tinham uniforme, flâmula e até bandeira. Mesmo assim a Marta só descobriu como a coisa ficara séria quando tentou interromper uma partida porque estava atrasando o almoço e foi corrida do campo pelo marido, o Sales. Pediu o divórcio na semana seguinte, embora o Sales negasse que estivesse tentando acertá-la com um pontapé, irritado com a intromissão, já que seu time estava perdendo.

Depois foi a vez da Silvinha, que no meio de um almoço de sábado fez protesto. O futebol estava acabando com a vida social dela e do Aderbal. Na sexta, o Aderbal não queria fazer nada, dormia cedo para estar em forma para o jogo da manhã seguinte. E no sábado, depois do jogo, não tinha condições de se mexer, o que dirá fazer alguma coisa. Eles não iam mais a teatro, não iam mais a cinema, não saíam mais para jantar. Várias das outras mulheres concordaram com a Silvinha. Os homens ficaram mudos. E os do time do Aderbal olharam para ele com orgulho. Ali estava alguém com uma noção correta da importância relativa das coisas na vida de um homem. No sábado seguinte, o Aderbal apareceu sem a Silvinha.

O terceiro problema foi com a própria mulher do Magalhães. Num certo sábado, ela viu um bando de meninos seminus atravessar o gramado correndo e pular na piscina onde – não que ela fosse racista, mas francamente! – nunca entrara alguém com pele escura a não ser pela ação do bronzeador. Uma invasão! Ela já ia chamar a polícia quando o Magalhães explicou que eram os filhos do Gedeão, segurança da firma, que ele convocara para reforçar a defesa do seu time. Ela que se acostumasse, o Gedeão e os filhos estariam almoçando lá todos os sábados. Precisava do Gedeão para o meio da zaga. A mulher do Magalhães também pediu divórcio.

***

Hoje são quatro times de sete jogadores que disputam intermináveis torneios e copas por qualquer pretexto – a atual é a Copa Patrícia Pilar – e muitas vezes esquecem de almoçar. Numa espécie de galpão ao lado da piscina, Magalhães instalou o que se chama de "a Federação", a sede da "Liga dos Sábados", e é ali que estão dois painéis, um o dos "Campeões", com fotografias dos times vencedores dos diversos torneios, e outro o das "Caídas", com fotos das mulheres que não agüentaram. São 12. A décima segunda foto, recém-inaugurada, é da Laurita, mulher do Marco Antônio, meia-armador do time do Sales. A Laurita agüentou o que pôde mas pediu o divórcio depois que encontrou o Marco Antônio fazendo uma preleção tática para o seu time na sala do apartamento, e usando suas miniaturas de porcelana para explicar as jogadas.

Há um terceiro painel, intitulado "Frouxos", já que "Traidores" foi considerado forte demais. Neles estão as fotos do Olimar e do Galvão, que cederam à pressão e abandonaram seus times! O Galvão ainda com o agravante de ter comunicado sua decisão de parar na véspera da decisão da Copa Trigêmeas da *Playboy*.

CHOQUE CULTURAL

odos ficaram preocupados quando o Márcio e a Bete começaram a namorar porque cedo ou tarde haveria um choque cultural. Márcio era louco por futebol, Bete só sabia que futebol se jogava com os pés, ou aquilo era basquete? Avisaram a Bete que para acompanhar o Márcio era preciso acompanhar a sua paixão e ela disse que não esquentassem, iria todos os dias com o Márcio ao Beira Mar, se ele quisesse.

– Beira Rio, Bete...

Naquele domingo mesmo, Bete estava com Márcio no Beira Rio, pronta para torcer ao seu lado, e quase provocou uma síncope em Márcio quando tirou o casaco do abrigo.

– O que é isso?!

Estava com a camiseta do Grêmio, em marcante contraste com o vermelho que Márcio e todos à sua volta vestiam. Desculpou-se. Disse que pensara que se pudesse escolher uma camiseta que combinasse com a roupa e...

– Está bem, está bem – interrompeu o Márcio. – Agora veste o casaco outra vez.

– Certo – disse Bete, obedecendo. E em seguida gritou "Inter!", depois virou-se para o Márcio e disse: – O nosso é o Inter, não é?

– É, é.

– Inter! Olha, eu acho que foi gol!

– O jogo ainda não começou. Os times estão entrando em campo.

Bete agarrou-se ao braço de Márcio.

– Você vai me explicar tudo, não vai? Gol de longe também vale três pontos?

– Não. Vale dois. O que que eu estou dizendo? Vale um.

Mas Bete não estava mais ouvindo. Estava acompanhando um movimento no gramado com cara de incompreensão.

– Pensei que em futebol se levasse a bola com o pé.

– É com o pé.

– Mas aquele lá está levando embaixo do braço.

Márcio explicou que aquele era o juiz, e que estava levando a bola embaixo do braço para o centro do campo, onde iniciaria o jogo. Não, os outros dois não estavam ali para evitar que tirassem a bola das mãos do juiz, como no futebol americano. Eles eram os auxiliares do juiz. O que os auxiliares faziam?

– Bom, quando um dos auxiliares levanta a bandeira, o juiz dá impedimento.

– E o que o auxiliar faz com o impedimento?

Márcio suspirou. Foi o primeiro dos 117 suspiros que daria até o namoro acabar duas semanas depois. Explicou:

– Os auxiliares sinalizam para o juiz que um jogador está em impedimento, isto é, está em posição irregular, impedido de jogar, e o juiz apita.

– Meu Deus!

Márcio olhou para Bete. O que fora?

– O juiz apita?! – perguntou Bete, com os olhos arregalados.

– É. O juiz sopra um apito. Aquilo que ele tem pendurado no pescoço é um apito.

– Ah.

Bete sentiu-se aliviada. Por alguns instantes, a idéia de um homem que apitava, sabia-se lá por que mecanismo insólito, quando lhe acenavam uma bandeira, parecia sintetizar toda a estranheza daquele ambiente em que se metera, por amor. Ele não apitava. Soprava um apito. Era diferente.

Mas Bete notou, pela cara do Márcio quando ela disse "Ah", que estava tudo acabado.

FRESCURAS

a Copa fizeram um casamento antes do jogo Brasil e Noruega e na final, no Stade de France, quem fez a festa antes do Zidane foi o Yves Saint-Laurent. Modelos desfilaram no gramado com criações de YSL ao som do bolero de Ravel tocado em tonéis, o que já devia ter nos alertado para alguma coisa. E eu fiquei pensando naquela roda de pôquer que se reunia semanalmente na mesma casa durante anos. Sempre a mesma roda e sempre a mesma casa, e a mesma mesa. Até que o dono da casa mudou de mulher, e a nova mulher sugeriu que os jogadores usassem descanso para os copos. Assim os copos molhados não deixariam marcas na mesa.

– Não – disse o homem.

– Por que não, bem? – surpreendeu-se a mulher.

– Porque no momento em que eu distribuir descanso para os copos, todos se levantam e vão embora e a roda acaba.

– Mas eu não sou contra o pôquer de vocês. Podem continuar jogando, e bebendo. Só o que eu peço é que usem descansos sob os copos para não...

– Não.

– Mas por que não?!

– Porque seria um primeiro passo. O seu descanso não é um descanso. É um precedente.

– Mas...

– Não insista.

O homem sabia o que os descansos significavam. Depois dos descansos viria o pedido para que usassem cinzeiros, em vez de largarem as cinzas no chão. Logo seria levantada a questão dos restos de comida misturados com as cartas e as fichas. E não demoraria e viria a sugestão para que cuidassem da pontaria na hora do xixi...

O futebol, como o pôquer, precisa manter-se em vigilância constante contra as incursões da frescura.

Homens em campo

DUAS VELAS

Como se não bastassem o Brasil, a Humanidade e a próstata, comecei a me preocupar com o Vanderley Luxemburgo. Está certo que era difícil resistir à oba-obaização do novo Ronaldinho depois daquele gol, mas colocá-lo em campo contra o México a dez minutos do final – e justamente quando o que o time menos precisava era alguém desobrigado de marcar, para dar espetáculo – mostra uma perigosa tendência do Luxemburgo a querer agradar a todo mundo.

Ronaldinho é o tipo do jogador que todo treinador quer ter no seu time, mas nenhum treinador quer ter no seu banco. No banco o jogador espetacular se transforma num foco de insatisfação e cobrança. Se o treinador não escala, é burro e se só bota em campo durante o jogo, é incoerente. Resistir aos pedidos da torcida e da imprensa, que sempre preferem o sensacional ao sensato, ou confundem o sensacional com o sensato, pode ser uma prova de caráter mas também é um indício de vocação suicida num treinador. Não resistir e escalar sempre o preferido do momento é um sinal de fraqueza que também leva a carreiras curtas. Mas pior é fazer o que o Luxemburgo fez, quando substituiu um centroavante por um zagueiro, para segurar o México, e como consolo botou o Ronaldinho das manchetes para fazer nada em campo. Acendeu uma vela ao diabo e outra ao Galvão Bueno.

Nada melhor para promover o futebol do que o jogador-exceção, com sua promessa sempre latente de mágica, do nunca visto. É o que leva aos estádios até a legendária grã-fina do Nelson Rodrigues, a que queria saber quem era a bola. Mas é preciso que o oba-oba contagiante não contagie uma pessoa: o técnico da seleção. Este deve ser uma espécie de Savonarola, fanático das suas próprias convicções e inimigo das frivolidades deste mundo.

IMARCÁVEIS

No futebol, "imarcável" não quer dizer exatamente isso. Quer dizer difícil de marcar, não impossível de marcar. Garrincha era genuinamente "imarcável". Botaram um segundo marcador em cima dele e ele continuou "imarcável". Botaram um terceiro e ele continuou "imarcável" mas aí já era eufemismo. Queria dizer difícil mas não impossível.

Com Garrincha e seus múltiplos marcadores começou uma inversão no futebol. Hoje os jogadores "imarcáveis" são exatamente os mais anuláveis. Ronaldinho e Romário, por exemplo. São tão "imarcáveis" – Romário pela habilidade e a matreirice, Ronaldinho pela habilidade e a força – que as defesas adversárias se organizam em função disto e os anulam com facilidade. Outro "imarcável", o Denilson. O Passarela armou todo aquele lado da sua defesa para impedir que ele exercesse o adjetivo no seu sentido estrito, e conseguiu. Enquanto isto, os "marcáveis" do time brasileiro recebiam marcação corriqueira. Outros nem precisavam disto, pois marcavam a si próprios. Alguns até, com uma certa violência.

É claro que a habilidade que torna os jogadores "imarcáveis" pode aflorar num segundo e decidir um jogo, mesmo com quatro marcadores em cima. É desses segundos fugidios que vive a reputação de jogadores como Romário e Ronaldinho. Em nenhuma outra profissão do mundo – salvo, talvez, a de equilibrista de circo – a diferença entre a glória e a miséria pode estar assim, num instante fortuito, numa quebra de normalidade. Se o instante não vem, eles passam o jogo inteiro submersos entre adversários, levando pontapés no calcanhar. Se vem, se consagram de novo, justificam salários e contratos e retornam ao paraíso – pelo menos até o jogo seguinte. São segundos tão abençoados e férteis que podem dar a impressão de serem dádivas do céu. Talvez por isso o Zagalo se sinta desobrigado de fazer com que eles aconteçam e prefira ficar esperando que Deus os forneça. Basta escalar os "imarcáveis" que cedo ou tarde o instante iluminado virá e eles nos salvarão. E é preciso não esquecer que, na Copa, a providência divina tem a ajuda do Dunga.

APELIDOS

Começam a desaparecer os apelidos no futebol brasileiro, o que é sinal de maturidade. Havia algo de condescendente nos apelidos, uma certa presunção de infância prolongada e, portanto, de submissão. Um Tiquinho, por mais famoso que ficasse, sempre seria um Tiquinho, principalmente diante de um cartola com nome e sobrenome. O apelido do jogador, no Brasil, era menos "nome artístico" do que nome de senzala, uma forma de ele conhecer seu lugar e seu limite.

Hoje há mais César Sampaios do que Maizenas, e há tempos não aparece um Careca.

Durante muito tempo, o apelido serviu como uma espécie de referência estenográfica para identificar o talento. Se o chamassem de Edson, ou de Nascimento, ele jogaria o mesmo, mas, de certa maneira o futebol de Pelé estava subentendido no apelido. Naquele ataque da seleção de 58, só Zagalo jogava com seu nome oficial ("Formiguinha", misericordiosamente, não pegou) e isso também combinava com seu futebol. Zagalo era um sério e compenetrado jogador de esquema para que os outros pudessem ser Garrincha, Pelé, Vavá e Didi à vontade.

Nilton Santos passou a ser chamado pelo nome todo para distingui-lo de outro Santos, o Djalma, mas depois ficou impossível tratá-lo de qualquer outra maneira. Seu futebol impunha tanto respeito que o difícil, mesmo, era resistir à tentação de acrescentar um "Doutor" ao nome. E ninguém jamais pensou em chamá-lo de Niltinho.

Uma regra implícita do futebol é que zagueiro central tem que ser conhecido pelo nome da certidão e se forem dois nomes, melhor. O apelido e, principalmente, o diminutivo dão uma certa impressão de frivolidade, inadmissível na grande área. O último zagueiro pelo meio com "inho" no nome que chegou à seleção, se não me falha a memória, o que é pouco provável, foi o Luizinho do Atlético. Bom jogador, mas não inspirava a confiança que só vem com o nome certo. Fica sempre a impressão de que o zagueiro com alcunha não assume os seus atos. Quem pode confiar numa defesa com pseudônimo? Na escalação da defesa ideal deveria constar o nome dos zagueiros pelo meio, o sobrenome, a filiação, CIC e um telefone para reclamações.

TALENTO

É cada vez maior a legião dos Atletas de Cristo e não há nada de errado nisso. Meu único sentimento com relação às pessoas religiosas é o de inveja: quem me dera um universo arrumado assim, com uma explicação e um centro. O meu é uma bagunça. Trocaria tudo que eu tenho, menos esta vida, por uma crença simples em outra, junto a um deus benevolente. Nenhum ceticismo vale uma metafisicazinha, ainda mais depois de uma certa idade. Respeito e admiração por todas as convicções, portanto.

Também dizem que o fenômeno dos atletas devotos melhorou o nível da disciplina no futebol, e se alguns esquecem Cristo e entram por cima da bola, isto só prova que o caráter, ou o instinto de preservação, às vezes é mais forte do que a fé – ou que Satanás não desiste com facilidade. Mas fica difícil entender o hábito, que também cresce entre os jogadores (pelo menos os entrevistados), de invocar Cristo para explicar uma vitória do time ou agradecer o sucesso pessoal, muitas vezes às custas do sucesso de outro crente. Os Atletas de Cristo apresentam ao seu Deus o mesmo dilema que os capelães militares em tempo de guerra: a quem atender, a quem dar a vitória, já que o apelo é igual e todos são seus devotos? O futebol é um problema ainda maior do que a guerra, porque se você pode imaginar Deus decidindo que uma nação não merece vencer, não importam os argumentos dos seus capelães, fica mais difícil explicar que Deus não decrete que todo Palmeiras e Corinthians termine empatado. Já que são moralmente iguais, com igual número de Atletas de Cristo. Enfim, o problema é d'Ele.

Mas fiquei pensando tudo isso depois de ver, e rever, e rever Ronaldinho, o novo, fazer aquele gol contra a Venezuela. Não sei se ele já se declarou Atleta de Cristo, mas parece evidente que algum tipo de entendimento o menino tem com as forças do alto. Ainda lhe falta corpo, mas é só o que lhe falta. E talvez a ajuda seja dispensável. Ou muito nos enganamos ou o dele é o tipo de talento que não precisa de parceria.

O MISTÉRIO DOS DONIZETIS

Conheci dois Hitlers, sendo que um se chamava César Hitler. Como nunca mais ouvi falar deste é óbvio que ele frustrou a esperança que seus pais tinham de que dominasse o mundo. Conheço alguns Lenines e vários Franklins. O que não falta é Átila, mas até hoje não encontrei nenhum Genghis, embora tenha ouvido falar de um Herodes, acho que da Silva. Você não pode inferir as referências e expectativas dos pais pelos nomes que deram aos filhos cientificamente, mas algumas deduções são fáceis. Senhoras de uma certa idade chamadas Shirlei certamente devem seu nome a Shirley Temple, e um levantamento entre as Sorayas e Jacquelines do mundo revelaria que o nascimento da maioria coincidiu com os períodos em que a ex-mulher do Xá da Pérsia e a Jacqueline Kennedy estavam nos noticiários. Soraya, a princesa triste, abandonada pelo Xá porque não podia lhe dar um herdeiro, lembra? Certo, eu também não era nascido, sei de ouvir contar.

Uma admiração momentânea ou apenas o fato de o nome estar em evidência explicam as escolhas estranhas – como os gêmeos brasileiros Begin e Sadat, batizados quando o acordo de Camp David parecia ter resolvido para sempre o conflito entre judeus e árabes, anos atrás – e a repetição de certos nomes. Mas quem ou o que explica a proliferação do nome Vágner entre jogadores de futebol no Brasil? Não sei se outra profissão tem mais Vágners do que o futebol ou se existe alguma misteriosa ligação genética entre um gosto pelo compositor alemão Wagner, ou ao menos um gosto pelo seu nome, e filhos bons de bola. E um mistério ainda maior: por que existem tantos jogadores de futebol brasileiros chamados Donizeti? Agora mesmo apareceu outro, nos juniores do Internacional. Deve ser o quinto ou o sexto. O único Donizetti que eu conheço que merece a homenagem é o compositor italiano – que, como Wagner, também fazia óperas. Talvez a explicação esteja aí. Ópera. (Cartas com teorias para qualquer lugar, menos para mim, que tenho assuntos mais sérios a tratar.) Pedi ajuda a um amigo mais bem informado sobre o futebol e sua resposta só aumentou o mistério. Disse que, num dos casos, Donizeti era o apelido!

O "PSICOLÓGICO" DO RAÍ

Como se não bastassem todos os seus outros problemas, Zagalo precisa conviver com os olheiros espontâneos, que têm o incômodo hábito de estarem certos. Durante anos, por exemplo, o Reali Junior, correspondente do *Estadão* em Paris, insistiu que o melhor jogador brasileiro em atividade na França era o centroavante Anderson, que ninguém no Brasil conhecia, ou lembrava. Zagalo resistiu, mas acabou convocando Anderson, que não desmentiu seus entusiastas. Hoje, na França, ninguém entende por que o Raí não é mais chamado para a seleção, pois ele é certamente o melhor brasileiro dos que ficaram aqui e um dos melhores jogadores da Europa. E é um Raí temperado em competições internacionais pelo Paris Saint-Germain, onde é o líder e, como se dizia antigamente, o cérebro do time. Jogando pelo Brasil no mundial da França, Raí estaria jogando em casa. Zagalo precisa começar a pensar nele, ou numa boa desculpa para não convocá-lo.

O fato de ele ter um passado na seleção não seria problema, muitos jogadores tiveram problemas e depois a oportunidade de se reabilitarem. É verdade que o que realmente houve com Raí na copa de 94 nos Estados Unidos continua sendo um mistério. Ele era, na opinião de muita gente, o jogador mais completo do futebol brasileiro na sua correlação inédita de inteligência, tamanho e habilidade. E de repente, nos Estados Unidos, tudo começou a dar errado para o Raí. Ele não acertava um passe, tropeçava em si mesmo, era um constrangimento de calção e chuteiras. E, como uma das máximas pétreas do futebol é que ninguém desaprende o jogo, a conclusão foi que era "psicológico", um termo vago para qualquer coisa que não seja moral e física. Até hoje ninguém sabe no que se constituía o "psicológico" do Raí. Houve quem sugerisse excesso de inteligência, que leva fatalmente a excesso de autoconsciência, questionamento existencial e dúvidas ontológicas – ou seja, nada que se quer num meio-campo, ainda mais com o Dunga cobrando atrás.

Fosse o que fosse o "psicológico" do Raí, já passou. Ele voltou a ser o Raí de antigamente, amadurecido como convém na terra dos grandes vinhos. Olha aí, Zagalo.

EDMUNDO, SIM OU NÃO?

Faz parte da nossa resignação ao amoralismo dominante na política e nos negócios brasileiros essa volúpia por julgamentos morais tipo B. Já que a bandalheira principal é inevitável, indignemo-nos com a secundária, como as barbaridades comparativas do Gugu e do Faustão. Qual dos dois é mais reprovável? A questão esteve nas primeiras páginas da nação, fomos convocados a nos posicionar com não pouca gravidade. Minha decisão: barbaridade por barbaridade, fico com o Faustão, não só por uma natural solidariedade de gordos, mas porque ele sempre se arrepende das que fez.

Outra definição que nos reclamam como se o nosso *rating* moral dependesse dela é: o Edmundo deve ou não ser convocado para a seleção? Zagalo, com seu jeito de monitor de refeitório, foi muito apropriadamente designado procurador da moral do país, e acho que a maioria aplaudiu sua decisão de não chamar o Edmundo. Me perguntaram a respeito e me descobri sem opinião. Em termos práticos, interessa mais à seleção o futebol do que o caráter do Edmundo. Mas, em termos práticos também, o caráter do Edmundo equivale a um embrulho abandonado, que tanto pode ser uma bomba que vai explodir num momento inoportuno e prejudicar todo mundo, quanto chuchu ou roupa suja. De qualquer jeito, é melhor não carregá-lo. Não sei.

No fim, sua opinião sobre o Edmundo depende da sua opinião sobre o esporte profissional. É entretenimento ou é outra coisa, mais profunda e séria? O mundo dos espetáculos comporta, quase exige, estrelas malcomportadas e "cenas lamentáveis" que todos querem ver de novo. E valoriza o talento acima de tudo. É como entretenimento, competentemente administrado para dar lucro e bons *shows*, como o esporte profissional nos Estados Unidos, que o futebol tem futuro. Mas preferimos a idéia do futebol como um comprometimento diferente, ainda regido pelas nossas ilusões juvenis, que inclui alguns preconceitos sobre a conduta do jogador e sua relação com o clube. Nada mais profundo e sério – e intolerante – do que ilusões juvenis.

ZAGALLO E A POSTERIDADE

O Zagallo parece ótimo. Desejo que ele continue vivo e irritante por muitos anos. Mas chega um momento na vida de todo homem em que ele começa a pensar no que vão dizer no seu velório. Para muitos é uma situação impensável: não estar vivo logo na ocasião social mais importante da sua vida. Para agradecer os elogios, rebater possíveis críticas, ver quem foi e quem não foi, quem chorou, quem saiu para um cafezinho, etc. Mas para outros é uma preocupação real, e estes começam a tentar organizar, da melhor maneira possível, sua própria posteridade. Não sei se o Zagallo já está nessa. Digamos que sim.

Durante toda a sua vida de técnico, Zagallo foi chamado de defensivista. Era esta anomalia: um carioca que não pensava o futebol cariocamente. Não que todos os times cariocas joguem como cariocas. Está aí o Vasco, o mais bem-sucedido dos cariocas, jogando um futebol de cuidados e aplicação, decididamente alienígena. Mas o gosto carioca é pelo futebol solto. Aquele futebol de todos os ataques de sonho que o Flamengo já formou, que raramente davam certo (ataques de sonho não costumam dar certo no Brasil), mas quando davam, que beleza. E o Zagallo era um anticarioca convicto e reincidente.

Não sei se foi a desastrada vitória na Copa de 94, que deixou tanta gente pensando que era melhor perder do que ganhar daquele jeito, ou se Zagallo teve sua primeira visão da sua posteridade. Talvez tenha sonhado com a própria lápide e visto apenas uma palavra sob seu nome: "Retranqueiro". O fato é que tomou providências. Anunciou que o Brasil pós-Parreira iria jogar pra frente e bonito. E é porque Zagallo não quer morrer intrigado com a sua terra que o Brasil vai só com dois volantes de contenção, ou alguém espera que Giovanni e Rivaldo ajudem muito atrás? Mas tudo bem. Todo homem tem o direito de escolher sua biografia.

BOTAFOGO

Além dos sinais externos que nos denunciam – cabelos brancos, cabelo nenhum, rugas, barrigas, essas indignidades – as gerações se reconhecem pelos jogadores de futebol que têm na memória. Diga o nome "Gerson" em qualquer roda e todos se lembrarão do Gerson de 70, que mesmo quem não viu jogar conhece de retrospectiva. Mas é possível que alguém na roda, à beira da senilidade, diga "Gerson, claro, beque. Gerson e Santos, Botafogo, 48", para a perplexidade geral. Beque? Santos? 48?

Beque, crianças, era zagueiro. Santos era o Nilton Santos, antes que outro Santos na seleção, o Djalma, obrigasse todo mundo a usar o primeiro nome dos dois. E 48 foi um ano que existiu mesmo, entre 47 e 49, embora hoje seja difícil de acreditar. Para quem ficou com o outro Gerson, o beque, na memória, Ademir não era o da Guia, filho do Domingos. Era o Ademir Menezes, o Queixada, o do *rush* famoso. (*Rush*: escapada em direção ao gol, você não entende português?) Se a tal roda hipotética fosse um velório e "Leônidas" fosse citado, alguém se lembraria do zagueiro com esse nome, anos 50, por aí, mas o morto talvez se lembrasse do centroavante, o "Diamante Negro", supostamente o inventor da bicicleta. Nunca mais houve um bom Leônidas no futebol brasileiro. Isso tudo era no tempo em que ninguém se chamava Donizeti.

 Me lembrei do Gerson porque quando vi o Botafogo jogar pela primeira vez, naquele improvável 48, o seu "trio final" era Oswaldo (o Baliza), Gerson e Santos. Comecei a torcer pelo Botafogo por causa do Internacional, quando eles compraram o Ávila, grande centromédio, depois substituído pelo Ruarinho, também do Inter. Peguei a fase lendária, de Garrincha, Quarentinha etc., no Maracanã. Mas mesmo naqueles tempos de glória, muitas vezes, você era obrigado a amar o Botafogo apesar do Botafogo. Paulo Mendes Campos (outro craque do passado) escreveu que o Botafogo tem um coração amador. E que é capaz de sair de derrotas feias mais orgulhoso e mais Botafogo do que se houvesse vencido. É isso, é isso, aquela estrela no peito é uma predestinação, símbolo ao mesmo tempo de fulgor e solidão. Mas são tristes os tempos em que o que resta para o Botafogo é a literatura.

Um brasileiro na Copa

ANALOGIAS

É sempre assim. O carnaval passa e nos deixa na obrigação de enquadrá-lo literariamente, nem que seja só para ter o que escrever na ressaca. O desfile das grandes escolas de samba cariocas, por exemplo, é uma coisa tão espetacularmente diferente de qualquer outro evento no mundo que não lhe dar um significado maior parece até uma forma de ingratidão. Qualquer analogia serve. Este ano pensei numa, que podia ter o subtítulo de "O paradoxo cadencial ou por que o Sergio Motta vai ficar 20 anos no poder", e que é a seguinte.

Quanto mais rápida a cadência e mais marcial a levada da bateria, mais empolgado e empolgante o desfile. Mas com a batida rápida sobra cada vez menos espaço entre os acentos fortes para o contra-ritmo dos instrumentos leves, que afinal é o que define o samba. Deve ser por isso que os tamborins estão fazendo tanta firula ensaiada, para contrabalançar como podem o tum-dum-dum avassalador. Os agogôs e os chocalhos não são mais ouvidos, e a levada acelerada já sepultou os passistas e certamente não está fazendo bem ao coração das baianas.

Analogia: o Brasil também parece ter optado pela empolgação, mesmo com o sacrifício de, digamos, certas formalidades. Se o pessoal está tão animado, se tudo está indo tão bem quanto dizem, por que ficar cobrando o uso bruto do poder, o fisiologismo indisfarçado, a mentira oficial, essas frescuras antigas? Quem se preocupa com isso está querendo seguir o caminho do reco-reco para a obsolescência.

A tolerância com os bicheiros que dominam as escolas e fazem a festa é análoga à velha convicção brasileira, abraçada pela "modernidade", de que um certo banditismo é necessário para que as instituições funcionem. E não vamos nem entrar na questão dos tapa-sexos e do que constitui ou não nudez em desfiles, pois fatalmente terminaríamos na velha história do imperador que não estava com aquela roupa toda.

SER BRASIL

É como repartir uma laranja ao contrário. Começamos com 32 pedaços, chegamos a 16, depois serão oito, depois quatro, depois dois e no fim teremos uma laranja inteira – o que é certamente a mais banal descrição de uma Copa do Mundo jamais feita. Não estamos decidindo as últimas questões da vida mas também não estamos apenas montando uma laranja que daqui a quatro anos estará em pedaços outra vez, significando nada. A Copa é um grande negócio e um grande acontecimento cultural internacional e coisa e tal, mas também não é só isso. Mexe com essa coisa indefinível que é a relação das pessoas com os símbolos dos seus afetos, que podem ser só um escudo e uma camiseta, mas representam muito mais, seja lá o que for.

Há muito mais do que apenas uma síntese ou um hábito de linguagem quando alguém diz "Eu sou Flamengo" ou "Eu sou Inter" em vez de dizer que é torcedor, há uma necessidade de identificação que vai além de gostar. O Brasil que está em campo não é a nossa pátria numa guerra de mentira com a pátria dos outros, com a nossa torcida, é o que a gente é, ou pensa que é, ou quer ser. Todo torcedor da seleção "é Brasil" desta maneira meio arrebatada, mesmo os que não abrem o peito com o despudor do vizinho de arquibancada. É fácil gozar o passional de verde-e-amarelo que se sente pessoalmente traído toda vez que a seleção erra um passe, mas o que está acontecendo é isso mesmo, somos diminuídos um pouco a cada fracasso da seleção. Nossa irritação permanente com o Zagalo ou com quem quer que seja o treinador da seleção vem disto, de saber que são eles que controlam as nossas coordenadas afetivas e cívicas sem que a gente possa dar um palpite a respeito. Não podemos deixar de "ser" Brasil e ao mesmo tempo não temos nenhum domínio sobre o que eles fazem com a nossa entrega.

Pelo menos durante os próximos quatro anos, seremos todos pessoas diferentes se por acaso... Olha aí, eu ia escrever "se por acaso o Brasil for eliminado", mas procurei, procurei e não encontrei um único pedaço de madeira neste quarto de hotel. Melhor não arriscar.

OS CANHOTOS

O problema da seleção é o mesmo problema do Brasil: uma falha de representatividade. Não sei qual é a percentagem de canhotos na população total do país, dez por cento? E há um número desproporcional de bons canhotos na seleção, enquanto, segundo todo mundo, falta um pé direito de talento para equilibrar o nosso ataque. A diferença entre o Brasil e a seleção é que no Brasil a direita tem o poder e a esquerda é que procura, desesperadamente, um contrabalanço.

A imensa maioria destra do país olha aquele vácuo na direita do ataque do Zagalo e se pergunta como é possível que não apareça um (um!) pé direito para honrá-la. O grau de aprovação da seleção caiu para mais ou menos dez por cento dos entrevistados. Ou seja: só os canhotos a aprovam. O que não é de surpreender. Discriminados em todos as outras áreas da sociedade, massacrados pela dominação dos destros, os canhotos brasileiros subitamente se descobrem com uma seleção só deles. Se o desequilíbrio continuar e mesmo assim o Brasil vencer na França, será uma vitória só dos canhotos.

Empregados, subempregados e desempregados nacionais vêem um governo e um Congresso dominados pela direita desmantelarem o pouco que tinham de proteção contra a insensibilidade e a ganância de patrões e proprietários e também se perguntam que processo de seleção é esse que acaba com a maioria sempre de fora. No caso da seleção, a falha de representatividade pode ser culpa do azar, de uma crise momentânea de pés direitos ou de um capricho do Zagalo. Enfim, de coisas passageiras. Já a escassa representação popular no governo do Brasil é um vácuo cuidadosamente cultivado em 100 anos de história republicana. E que só se agrava cada vez que a ascensão de uma suposta "esquerda" se revela ser apenas outro disfarce da direita.

***

Se Raí está muito velho para ser o pé direito desejado, por que não chamá-lo para ser o assessor? Tem cabeça, tem experiência no futebol europeu, tem autoridade entre os jogadores e tem altura para dar uns cascudos no Zagalo, sempre que necessário.

FORA DO GRÁFICO

O melhor momento do futebol, para um técnico, deve ser o minuto de silêncio. É quando os jogadores ficam parados, mais ou menos na sua posição designada no desenho da escalação. É no minuto de silêncio que o jogador mais se parece com o botão, ou com as cruzinhas ou a bolinha, que o técnico usa na sua instrução. Por um breve instante materializa-se no campo a sua onipotência diagramada. Ali estão as peças do seu pequeno universo, exatamente onde ele as quer. Sem o movimento e todas as suas imperfeições – o erro, o infortúnio, a desobediência, o esquecimento, a bola espirrada. Enfim, os acontecimentos. Todo técnico deve saborear aquele último minuto antes de perder o controle, antes dos seus jogadores saírem do gráfico e caírem no real. Aí o juiz apita, as teorias se evaporam e começa a confusão, que é um outro nome para a vida.

Era apropriado que o preferido do Zagalo para ser o "Um" que ligaria a defesa ao ataque fosse o Juninho, uma criança. Não que a idéia fosse inocente, mas tinha a ingenuidade de toda teoria que não resiste a dois minutos de vida e ainda assim é mantida. Mesmo que o "Um" funcionasse no campo como funciona no gráfico seria discutível, pois o que centraliza toda a ação de um time obviamente centraliza a atenção do outro e acaba anulado. O "Um" do Zagalo foi substituído por dois, Geovani e Rivaldo. Como os dois jogaram pouco na seleção em todo o seu longo e, pelo visto, desperdiçando período de testes e preparação, deduz-se que foram convocados de ouvido. Tudo bem, são bons. Mas nenhum deles gosta muito de marcar, o que significa que não vão ajudar muito o Dunga e o César Sampaio a impedir que a bola chegue aonde nenhum brasileiro quer vê-la, perto do Júnior Baiano. Em todo caso, já progredimos de um para dois, quem sabe não chegaremos à França com um time realista?

O CHOQUE

Se houvesse muito o que discutir no time que o Zagalo já tem, parece, pronto na cabeça, daria para concordar com os que prevêem graves desentendimentos dele com o Zico. Brigas na seleção só são passionais quando envolvem a escalação. Se todos concordam com a escalação, as crises – cartas, cabelos, etc. – são manejáveis. Ainda não se sabe muito bem por que a CBF chamou o Zico, como nunca se soube exatamente o que o Zagalo era para o Parreira. Mas Zico, que se saiba, não tem outro time na cabeça.

Acho que ninguém tem um time muito diferente. Taffarel anda provocando arrepios e maus presságios com suas atuações no Atlético, mas antes da Copa de 94 ele também assustava, lembra? Sempre achei o Cafu meio sem imaginação, mas, afinal, joga numa posição em que se deve ser mais engenheiro do que arquiteto, sem ofensa. No outro dia, na sua coluna, o Juca Kfouri escalou a dupla de área Júlio César e André Luiz. Acho melhor que a do Zagalo. O Aldair ainda vai, mas o Júnior Baiano pertence, decididamente, à categoria dos não sei não. Prefiro o Mauro Silva ao César Sampaio, mas parece que ele não é mais o mesmo de 94, quando, pra mim, foi o melhor do time. Raí, Rivaldo ou Leonardo para jogar com Denilson? Rivaldo é dos que se inibem na seleção, não solucionaria o nosso canhotismo e, mesmo, o lugar dele é o do Denilson, mas talvez seja o mais completo dos três. Ou dos quatro. O resto do time é indiscutível. Ou alguém ainda discute o Dunga?

Se entendi bem, já que a escalação não divide, o choque que pode haver é entre a idéia meio preguiçosa do Zagalo de que jogador que chegou à seleção não precisa aprender mais nada e o que a CBF quis chamando o Zico, treino tático e fundamentos. Se é isso ou não, vamos descobrir até junho. E eu espero que até lá já se tenha resolvido também o que é a maior dúvida de todas envolvendo a seleção. Afinal, Zagalo é com um "ele" ou dois? É preciso decidir isso o quanto antes.

RECAPITULANDO

Como o personagem do poema de T. S. Eliot que podia medir sua vida em colherinhas de café, podemos medir nossos últimos 28 anos em Copas do Mundo. Foram sete, cada uma correspondendo a uma etapa no nosso relacionamento com o futebol, ou com a Seleção, que é o futebol depurado das suas circunstâncias menores, e, portanto, com o país.

Em 70, João Saldanha simbolizava, de certa maneira, nossa ambigüidade com relação à Seleção. O país que ela representaria no México, o "Brasil Grande" do Médici e do milagre, certamente não era o país do Saldanha, nem o nosso. Vivíamos numa espécie de clandestinidade clandestina, na medida em que a clandestinidade oficial era a guerrilha. Mas, que diabo, a Seleção também era do outro Brasil, da nação sofrida tanto quanto do Estado mentiroso, e assim como o Saldanha aceitou ser o técnico e disse de cara quais eram as 11 feras titulares, nós também nos empolgamos.

Pra frente, apesar de tudo, Brasil.

O Saldanha acabou tendo que sair, segundo a melhor versão, porque o Médici quis impor o Dario de centroavante, mas duvido que algum opositor do regime, mesmo sabendo o que a vitória no

México renderia politicamente para o governo, deixou de levantar da cadeira cada vez que o Jairzinho pegava a bola ou gemer quando o Banks defendeu aquela cabeceada do Pelé. Assim, a Copa de 70 ficou como a Copa da ambigüidade. Nunca foi tão difícil e nunca foi tão fácil torcer pelo Brasil. Difícil porque torcer era uma forma de colaboracionismo, fácil porque o time era de entusiasmar qualquer um.

E a de 70 foi, claro, a Copa do Pelé. Ele estava no ponto exato de equilíbrio entre maturidade e potência: já sabia tudo e ainda podia tudo. E estava decidido a transformar a Copa num triunfo pessoal, num fecho simétrico para o que começara em 58, na Suécia, e não conseguira completar em 62, no Chile, nem em 66, na Inglaterra. O México foi a desforra de Pelé, um lance da sua biografia que ele gentilmente compartilhou com o Brasil.

Na Copa de 74, o Brasil ainda vivia sob um regime militar, mas tínhamos uma forte razão sentimental para torcer pela Seleção: era uma Seleção tão medíocre que inspirava a caridade. Torcíamos não por entusiasmo mas por espírito cristão.

Médici tinha sido substituído por Geisel e, neste caso, a mediocridade era um estágio acima, mas em relação à Seleção de 70, a de 74 era um retorno à Pré-História, quando a bola era de pedra. Zagallo, que naquele tempo só tinha um ele, chegou a resumir nossa estratégia numa patética confissão de incapacidade: o negócio, na Copa da Alemanha, era cavar faltas perto da área adversária e confiar nos nossos batedores. Nenhum outro comentário sobre a incrível falta de talento para o manejo da bola que se seguiu à grande geração de 70 é mais loquaz do que este. Nossa esperança era a bola parada, nosso terror era a bola em movimento.

Hoje, lembrando aquele tempo e aquela Seleção, concluímos que nenhum dos dois era tão ruim assim. Os dois tinham a virtude do realismo. Depois da euforia da Seleção de Pelé, e da falsa euforia do milagre econômico de Médici, resignação e cabeça no lugar. O Geisel, como Zagallo, sabia que a prioridade era administrar a ressaca.

Enquanto isso, a grande sensação da Copa era a Holanda de Cruyff e do carrossel. (Em Porto Alegre, o centroavante Claudiomiro declarou que não via nenhuma novidade no estilo "holandiano", era o mesmo que o "seu" Minelli usava no Internacional. A Holanda perdeu a Copa para a Alemanha em 74, mas em 75 e 76 Minelli e seus holandianos foram bicampeões do Brasil.) O carrossel revolucionaria o futebol. Dizia-se que depois de 74 e da Holanda o futebol nunca mais seria jogado da mesma maneira. Depois de inventar o capitalismo, o colonialismo e o iogurte, os holandeses tinham reinventado o futebol.

Mas em 78 nem os holandeses eram mais tão holandeses.

Copa da Argentina, 1978. Com Cláudio Coutinho, dizia-se, o espírito renovador que começara a tomar forma na Seleção de 70 – preparo físico europeu, a teoria substituindo, em parte, o empirismo e o vamos-lá-que-brasileiro-já-nasce-sabendo-tudo – chegava ao comando do nosso time. Era a tecnocracia no poder.

Fazia-se pouco da erudição e do jargão pretensioso do Coutinho, mas ao mesmo tempo desconfiava-se que com ele o futebol brasileiro ficava mais adulto. Ninguém mais acreditava que todo jogador europeu tinha cintura dura e que bastava deixar o brasileiro exercer seu talento natural para tudo dar certo. Com Zagallo em 74 a reclamação era que sua cautela constrangera a criatividade brasileira. Injustiça. Zagallo sabia que tinha um time fraco. Aquilo não era cautela, aquilo era pânico. Em 78, o time era melhor. Com Coutinho, a esperança era que o Brasil voltasse à sua alegria, mas com método.

No fim nem a alegria se materializou nem o método deu certo. Mas não houve a desmoralização completa do nosso estudioso capitão, que pôde reivindicar pelo menos o campeonato moral. A Copa foi da Argentina, ganha, dizem, tanto pela mobilização do seu governo quanto pelo mérito dos seus jogadores, mas não ao ponto de podermos chamá-los de campeões imorais.

E o que você estava fazendo enquanto o goleiro do Peru tomava os seis gols que a Argentina precisava para se classificar? Eu me lembro de ficar prostrado na frente da tevê, meditando sobre a cupidez humana e a gratuidade de todas as coisas. Mas como o Coutinho não tinha levado o Falcão e tinha levado em seu lugar o Chicão, meu pensamento final sobre a Copa de 78 foi "bem feito".

A tecnocracia não merecia sobreviver às suas bobagens. Nem na Seleção nem no governo.

O que eu lembro com mais nitidez da Copa de 82 na Espanha não é nenhum lance ou jogo. É um *tape* promocional da Globo feito com o jogador Éder em que ele aparecia correndo por um campo florido, simbolizando, sei lá, seu espírito livre ou o ímpeto irreprimível da nossa juventude. Não vou dizer que tive um pressentimento de derrota ao ver o *tape*, mas tive, sim, a consciência de estar vendo um exagero, alguma coisa excessiva da qual ainda íamos nos arrepender.

Há quem diga que o triunfalismo das televisões brasileiras foi responsável, se não pela derrota em 82, então pela frustração arrasadora que veio depois, quase igual à de 50. Mas tanto o triunfalismo quanto a frustração se justificam, esperava-se muito daquele time do Telê. A entressafra de bons jogadores parecia ter acabado, outra geração de exceção chegava ao seu equilíbrio perfeito numa Copa, desta vez tinha que dar. Até que ponto o triunfalismo influiu no time, e o fez continuar atacando para as câmeras quando um empate contra a Itália servia, é difícil dizer. O fato é que, como num folhetim antigo, fomos derrotados pela soberba. E a mais brilhante geração de jogadores brasileiros depois dos anos 60 ficou sem sua apoteose merecida.

Hoje, claro, o carnaval publicitário feito em torno dos jogadores é muito maior do que há 16 anos. Com mais dinheiro envolvido e filmes promocionais mais espetaculares, o triunfalismo hoje parece maior. Mas, depois de 82, as pessoas não se entregaram a ele com a mesma facilidade. O ceticismo precavido com este time ainda é um reflexo do choque de 82.

A Copa de 86 foi a primeira que não aconteceu no meu aparelho de televisão, e que eu vi sem intermediários. Fui cobri-la para a *Playboy*. No México, as pessoas olhavam o crachá que me identificava como correspondente da *Playboy* e imediatamente olhavam para a minha cara, perplexas com meu óbvio pouco jeito para descobrir os aspectos mais lúbricos da competição. Eu me esforçava para fazer uma cara que não desmentisse o crachá, mas acho que convenci a poucos.

Fomos para o México cautelosamente vacinados contra o triunfalismo precoce, e com uma Seleção cercada de controvérsias. Telê ganhara outra chance mas a sua lista final de convocados causara tanta discussão que ele estava mais defensivo e desconfiado do que de costume e o ambiente entre a Seleção e a imprensa era cordial mas tenso. O Brasil que ficara em casa – uma minoria, a julgar pelo volume de brasileiros em Guadalajara – era o Brasil do Sarney do Cruzado, do Sarney herói, lembra? Enfim, de outro milagre. Mas a Seleção, ao contrário da de 70, não era uma geração no seu ponto ideal de equilíbrio entre experiência e capacidade. Viu-se depois que já era uma geração em declínio, com mais experiência do que pernas. Nova derrota, nova frustração e uma leve suspeita de que continuávamos sendo os melhores do mundo, mas que já era tempo de provarmos isso na prática, senão o pessoal ia começar a desconfiar.

Em 90, na Itália, cheguei a ouvir uma tese suicida: era melhor o Brasil perder do que consagrar o feio esquema do Lazaroni. O ideal seria o Brasil ganhar, mas ganhar mal, ali, ali o que nos daria a satisfação da vitória sem o efeito colateral da redenção do Lazaroni. Não prevaleceram nem as teses suicidas nem as moderadas. O Brasil não ganhou nem bem nem mal e perdeu sem ser humilhado. E o que prevaleceu foi a tese do Lazaroni, tanto que ganhou em 94, nos Estados Unidos, aplicada pelo Parreira.

Mas o maior consolo da eliminação do Brasil de 90 foi que pudemos ficar na Itália vendo futebol em vez de torcendo por teses. Nada contra as teses. A tese é o futebol dos sem-pernas e sem-fôlego, como poderíamos continuar jogando sem ela? Mas o descompromisso com as teses nos torna livre e foi para desfrutar ao máximo essa liberdade que passei a torcer pela Argentina, que Deus me perdoe. Se ganhasse a Argentina, a Copa das teses seria vencida por um time que não redime nenhuma. Ninguém poderia dizer, de uma vitória da Argentina, que vencera um sistema. Na Argentina dá certo tudo o que não é esquema: carisma, coração, picardia, até mau caráter, todas essas coisas que vêm antes, depois ou em vez da teoria.

O melhor adversário da Argentina para uma final antítese teria sido a Inglaterra, com seu futebol simples e esforçado. Argentina e Inglaterra foram os times que começaram pior na Copa de 90, uma final entre os dois não representaria nada além da sua capacidade de auto-superação. Não provaria nada, não estabeleceria nada, não teria nenhuma sobrevida teórica. Mas deu a Alemanha na final contra a Argentina. A Alemanha representava algumas idéias bem definidas sobre futebol, e eu sonhava com a simetria perversa de uma final sem qualquer idéia. Depois de tanta discussão, por puro enfaro, eu estava torcendo pela insensatez. Mas ganhou a Alemanha.

As gerações do nosso futebol depois de 70 seguiram a seqüência que alguém já identificou como um ciclo reincidente na História: da Idade dos Deuses para a Idade dos Heróis para a Idade do Homem Comum. A Seleção de 70 não tinha só deuses, é verdade. Não vamos esquecer que fomos campeões no México com Félix no gol e Brito à sua frente. Mas, com o tempo, eles também se transformaram em titãs, junto com Tostão, Gérson, Jairzinho e o resto da corte de Pelé.

A Seleção de 74 tinha alguns deuses caídos e não agüentou a comparação com a de 70. A de 78 foi um esboço da de 82, esta sim uma geração que inaugurava a Idade dos Heróis. O herói, como se sabe, é o Deus democrático, eleito pelos seus semelhantes, ao contrário do Deus clássico que já nasceu Deus, mas será sempre um Deus menor. Nunca houve qualquer dúvida de que Pelé desceu do céu dentro de uma bola iluminada e já saiu chutando enquanto que Zico, por exemplo, teve que conquistar seus poderes.

Mas a geração de Zico – ele, Sócrates, Júnior, Falcão etc. – foi uma geração de grandes jogadores que não chegaram a deuses porque nasceram na parte errada do ciclo. Uma geração sem apoteose. A Copa de 86 foi uma elegia para a de 82, a triste despedida de uma geração que teve tudo, menos o que mais queria. E veio a Idade do Homem Comum.

Ela começou na Itália em 90. O que parecia ser um medíocre time de transição, uma depressão passageira antes da vinda de novos titãs, era uma geração a caminho da sua apoteose, quatro anos depois. Aaron Copland, um compositor americano, escreveu, há anos, uma Fanfarra para o Homem Comum. Ela devia ter acompanhado a subida de Dunga e seus companheiros para receber a taça em Pasadena, em 1994. Seria o tema apropriado para o fim de uma epopéia improvável.

CONSOLO

Nosso consolo é que é sempre assim. Em 94, a seleção saiu daqui tão desacreditada que muita gente só abandonou o pessimismo quando o Baggio chutou aquele pênalti para fora. Tão desacreditada que alguns ainda não acreditam.

– Já estou vendo. Vamos repetir o vexame de 94.

– Mas em 94 nós ganhamos!

– Detalhe.

Não sei se confere, mas acho que a única vez em que o Brasil viajou para uma Copa firmemente convencido de que não perderia foi em 82. Aquele timaço, aquele futebol bonito e ofensivo do Telê... Tinham que ter nos dado a Copa na chegada, dispensando a formalidade dos jogos. Insistiram em manter a tabela e foi aí que nos demos mal. Desde então, o Brasil se previne contra o triunfalismo precoce e prefere exagerar no desânimo. Nunca mais acreditaremos com a mesma inocência de 82. Nunca mais nos pegarão com o coração desprevenido como nos pegaram na Espanha.

Depois da decepção com o Telê em 82 – que se repetiu em 86, mas aí ele não era mais uma unanimidade – não só não confiamos mais em nenhum técnico como concentramos neles toda a nossa angústia. Todos os técnicos depois do Telê pagaram pela desfeita da seleção em 82. Lazaroni era odiado. Não adiantou o Parreira vencer a Copa dos Estados Unidos. Continuou sendo culpado, não importa de quê. Agora nossos piores prognósticos se chamam Zagalo.

E o Zagalo, também, não ajuda. Se não fosse a sua empáfia, ele poderia invocar tudo que tem a seu favor – passado, sorte e o fato de que nunca jogos de preparação foram prenúncios do que o Brasil faria de certo ou errado em copas – e pedir calma. Mas Zagalo parece gostar de irritar. Talvez seja estratégia. Não dá para negar que se a idéia é desacreditar tanto a seleção que ela acabe repetindo 94, a primeira parte do plano está sendo um sucesso.

SCRIPTS

"Quel scénario!", diz o locutor da TV francesa sempre que um drama começa a se armar no campo. Qualquer coisa que dê um bom *script*, seja heróico ou patético, merece o entusiasmo literário dos franceses. Até agora nenhum dos "cenários" possíveis chegaria à fase de produção, mas a Copa já tem algumas boas histórias sentimentais para propor, como a reconciliação do Dunga e do Bebeto quando o Brasil fez o segundo gol, depois de terem se xingado (o que daria no máximo uma minissérie), e a entrada em campo, entre acordes wagnerianos, do velho Lothar Matthaeus para ajudar a Alemanha a empatar com a Iugoslávia um jogo que parecia perdido. Se há uma coisa que os mundiais nos ensinaram é: nunca diga que um jogo está perdido para a Alemanha. Como a Alemanha desta Copa não está se parecendo muito com a de outros anos, Matthaeus deve ter sido colocado em campo menos como um jogador do que como uma bandeira, para lembrar os outros da sua tradição guerreira. Há quem diga que ele não se movimentou muito mais do que um mastro, mesmo. Mas deu certo. El Cid também derrotou os mouros depois de morto, amarrado à sela do seu cavalo, pelo menos segundo o *scénario* do filme que eu vi.

Quase épico foi o empate do México com a Bélgica depois de estar perdendo por dois a zero, mas o que seria o melhor enredo filmável da Copa até agora – a derrota dos Estados Unidos pelo Irã – acabou sendo um anticlímax. O *script* tinha um erro de origem: nenhum drama que parta da idéia do futebol americano representando qualquer tipo de prepotência pode ser levado muito a sério. Os americanos não são mais os primitivos que eram mas, numa comparação do seu futebol com o do Irã, fica difícil dizer quem é o coitadinho da história. No fim, tudo se decidiu no plano teológico mesmo, Alá derrotando o Grande Satã porque o Deus sardento dos americanos ainda não entendeu como é esse tal de *soccer* e nada pôde fazer.

A LÓGICA

Cabeças raspadas têm sua lógica em quartéis e cadeias ou outro lugar onde homens coabitam e o piolho é uma ameaça. Também se explicam pelos outros terrores de homens confinados em corporações guerreiras, além dos microscópicos: a sexualidade e a diferença. Como as concentrações da seleção não são quartéis nem prisões, o homossexualismo não é problema e a união do grupo até hoje não dependeu do penteado, a decisão de zerar a cabeça de todo mundo só pode ter sido brincadeira mal pensada ou algo mais profundo e mais equivocado. Nos dois casos – brincadeira imposta ou algum ritual fechado de bando – foi uma bobagem que acabou atrapalhando. Se a intenção era apenas fazer com que todos se parecessem com o Ronaldinho, o resultado foi que o Ronaldinho ficou parecido com qualquer um – e jogou o que se viu no domingo. E ainda tiraram preciosos centímetros da altura do Juninho!

RESERVA

O problema do time da Nigéria parece ser o problema do país: o que fazer com suas riquezas. Quando souber gerir sua renda do petróleo e o seu talento natural para o futebol, a Nigéria será imbatível. Por enquanto, seus jogadores são arrogantes e irresponsáveis como os seus generais, e tudo se perde, inclusive os bons começos. Mais uma vez numa Copa, um fenômeno africano não agüenta sua própria fama e sucumbe à soberba.

Mas só isto não explica a derrota da Nigéria para a Dinamarca por quatro a um. A explicação também está na Dinamarca, que fez melhor do que ninguém até agora, nesta Copa, o que todos os técnicos querem. Foi um time compactado atrás que também atacou com muitos. A Dinamarca jogou na defesa e foi mais agressiva do que a Nigéria. Não sei se repetem a mágica contra o Brasil – a Dinamarca também tem uma reputação de não agüentar elogio por muito tempo – mas acho que não vai ser fácil não.

Nossa maior esperança para hoje é o que o Brasil ainda não mostrou. Tudo que o Brasil tem, que a gente sabe que tem, e que ainda não apareceu. O que veio na bagagem, mas continua empacotado. Começa, claro, pelo futebol do Ronaldinho, mas também inclui os gols de falta do Roberto Carlos, a grande jogada do Denilson... Temos uma reserva de bom futebol ainda intocada. Só o que não pode acontecer é o estoque voltar para o Brasil sem ser usado.

Será hoje, finalmente, a estréia de Ronaldinho? Se mesmo sem jogar ele já marcou gols, chutou duas vezes na trave, fez duas ou três jogadas espetaculares e manteve pelotões de adversários ocupados e preocupados, imagine o que fará quando estiver jogando. Dizem que o melhor negócio do mundo é o petróleo bem gerenciado, e o segundo melhor é o do petróleo gerenciado de qualquer maneira, até por nigerianos. Até agora quem esteve em campo foi o segundo melhor jogador do mundo, o Ronaldinho jogando mal. Está na hora de aparecer o melhor.

OS DUNGAS

Depois do Júlio todos os governantes de Roma passaram a ser césares, e "césar" – na forma de *kaiser*, *tzar*, etc. – ficou nome genérico, como um dia "dunga" também será. Os times terão zagueiros, laterais, médios, "dungas" e atacantes, e jogadores em estados ainda por nascer descreverão sua função ou sua ambição como "de dunga" – dunga pela direita, dunga pela esquerda, dunga avançado, dunga recuado... Havia dungas antes do Dunga, como houve césares antes de César, mas o protótipo dos dungas que virão é esse nosso, que aproveita comemoração de gol para dar bronca.

Todos os melhores times deste mundial têm o seu dunga, de uma forma ou de outra. Ou são jogadores que galvanizam o time com sua própria energia e empenho, e bronca, ou são os destruidores que liberam os companheiros para a criação, garantindo o rebote. Os franceses têm o Deschamps, os italianos têm o Dino Baggio, os alemães têm o Hamann, os argentinos têm o Veron... Marcel Desailly, o zagueiro francês que é possivelmente o melhor jogador da Copa 98 até agora, e Matthaeus, o mítico alemão que tiraram da cadeira de rodas e escalaram para dar vergonha ao time, têm credenciais para o título, mas são menos dunga do que Deschamps e

Hamann. Justamente porque são brilhantes e têm certas pretensões estéticas, além do coração e da coragem, o que os desqualifica como dungas autênticos. A dungalogia tem suas sutilezas.

Os dungas são os caroços do time. Já não se concebe um time só polpa, por melhor que seja a polpa. Até no Brasil, que custou a aceitar a sua inevitabilidade, dá-se ao dunga o que é do dunga. O caroço dá forma ao time, garante a continuidade da sua alma e quebra os dentes de quem o ataca. Nenhuma seleção sem um dunga passou das oitavas.

SALADA

Paris – O Mário Quintana descreveu a guerra como um modo prático de aprender geografia. Já que uma Copa do Mundo é uma guerra mundial por outros meios, nada mais certo – ou nada mais Mário Quintana – do que esta estar servindo para as pessoas descobrirem a Croácia. Mas outro poeta do factual, não me lembro quem, descreveu a ex-Iugoslávia, de onde vêm os croatas, como uma estranha região em que a História ficou parada enquanto a Geografia é que se mexe. Velhas divisões étnicas e velhos ódios venceram o tempo e se mostraram mais permanentes do que fronteiras políticas, e o resultado é a salada explosiva que continua sendo a região, e a salada difícil de entender que veio jogar futebol aqui na França. Há jogadores no atual time da Croácia que jogaram pela seleção da Iugoslávia em outra copa. Se Croácia e Iugoslávia se cruzassem na França seria a primeira vez na história (não contando Alemanha Ocidental e Alemanha Oriental, aquela outra salada) em que jogadores enfrentariam seu antigo time – de outro país. Aí é que ninguém entenderia mais nada. Um jogador, o Prosinecki, podia escolher entre jogar pela seleção croata e a seleção sérvia. Deve estar dando graças a Deus por ter escolhido não só o time que acabou no Mundial como é uma das suas sensações. Amanhã ele, Suker, uma das estrelas desta Copa, Boban, o dunga deles, e os outros croatas tentarão fazer mais um pouco de história contra a França. Aproveitando que sua geografia parece estabilizada, no momento.

A ELEGÂNCIA DOS ESCOCESES

Se Charles Miller, que levou a primeira bola de futebol para o Brasil, estivesse vivo hoje, seria não só um fenômeno de longevidade como um bom tema de sociologia. Um pouco como aquele missionário católico que catequizou uma tribo primitiva e vinte anos depois voltou para ver o que ela tinha feito com seus ensinamentos. Os convertidos seguiam todos os sacramentos e rituais aprendidos, com algumas adaptações, como os porcos sacrificados durante a missa e o uso surpreendente do escapulário. E só esperavam a volta da figura mítica que inaugurara a sua fé, o próprio missionário, para crucificá-lo e comê-lo. Charles Miller, vendo o Brasil jogar, se sentiria como o missionário, indeciso entre admirar a criatividade dos nativos e lamentar a sorte do seu próprio time. É o sentimento de todo europeu que enfrenta o Brasil, com a possível exceção dos alemães, que tiveram uma experiência colonial pequena e estão livres destas ambigüidades. Sucumbir à fascinação suicida ou lutar pela vida?

Os escoceses há muito já tinham desistido de enfrentar o futebol brasileiro de igual para igual e também já tinham passado da fase do embasbacamento reverencial. Desta vez, deram toda a impressão de que nos enfrentariam como velhos senhores que não se divertem mais com as má-criações dos primitivos. Se fossem comidos, seria como cavalheiros sem remorsos. Não foi outra a idéia que quiseram dar quando, algumas horas antes do começo do jogo, entraram no campo vestindo suas elegantes saias de cerimônia e *blazers* escuros, mãos nas costas, como lordes feudais passeando pelas suas propriedades. Caminharam sobre a relva, foram até a frente da torcida escocesa e lhe concederam alguns abanos, depois voltaram para o vestiário com a mesma empáfia. Eu nunca tinha visto uma seleção fazer coisa parecida, uma espécie de aquecimento com traje passeio completo, apenas para mostrar a linha. Claro que foi uma forma de intimidação. Uma volta ao tempo em que as definições eram simples e não havia dúvidas sobre quem ensinava a quem. Charles Miller mostrando a primeira bola ao primeiro moleque que perguntou "Qui é isso, mister?" O missionário determinando aos nativos qual era a única religião civilizada. Não posso imaginar uma seleção sul-americana desfilando da mesma maneira deliberadamente engomada. Bom, talvez a argentina, mas aí é outra coisa.

O que os escoceses não sabiam é que tinham amigos entre os nativos. Giovanni e Bebeto jogaram extremamente constrangidos, talvez pensando na elegância dos escoceses e não querendo lhes faltar com o respeito.

Jogando com oito a maior parte do tempo, o Brasil teve dificuldades.

EMPATIA

Nós, os credenciados, éramos invejados. Pertencíamos à ordem dos que entravam onde e quando quisessem, à casta dos imbarráveis. Quem nos visse na rua com nossos emblemas de privilégios pendurados no pescoço podia desconfiar que eles nos davam acesso até as últimas intimidades do Ronaldinho. Acima de tudo, tínhamos o que nenhum torcedor comum tinha, a certeza do melhor lugar no estádio com mordomias inimagináveis por um não-credenciado. Nem os não-credenciados certos de que pelo menos entrariam nos estádios tinham direito a esta certeza, já que muitos descobriram na chegada que suas entradas prometidas não existiam.

Antes do jogo Brasil e Chile, o maior escândalo deste mundial chegou aos credenciados, que tiveram uma amostra do que passam os pobres torcedores enganados. Além da credencial no peito, os jornalistas precisam de uma entrada para a tribuna de imprensa, com o número do seu lugar. Havia mais requisições para postos de imprensa do que postos no Parc des Princes, o critério usado para distribuir os ingressos para uns e deixar outros numa lista de espera não ficou claro, e o resultado foi o fim da nossa empáfia. Houve briga, protestos – enfim, cenas rasteiras entre os privilegiados, tudo por falta de previsão dos organizadores. No fim, entrou quase todo mundo, o que só prova a falta de bom senso inicial. Pena, porque tudo estava funcionando muito bem até agora. Pelo menos para a turma do crachá.

À GRANDE VITESSE

Trezentos quilômetros por hora, disse o homem do trem, mas era exagero. Nantes fica a trezentos e poucos quilômetros de Paris, viajamos duas horas, mesmo descontando a parada em Angers e uma ou outra vaca na linha, não confere. Semo estrangeiro mas não semo burro. Talvez ele não agüentasse mais responder a quanto andava o *Train à Grande Vitesse* e estivesse sendo irônico, talvez só quisesse nos impressionar com a competência técnica francesa. Sei que daqui a pouco, quando estivermos no trem voltando para a estação de Montparnasse, vamos desejar que o seu enfaro ou o seu ufanismo fossem verdade. Foi um dia cansativo. A demora entre um jogo do Brasil e outro também significou um certo esticamento de expectativas e sacos. Bebeto joga, Bebeto não joga, uma questão absorvente, mas não para mais de dois dias. Entre as poucas notícias da seleção e a obrigação de ser atual havia, claro, Paris. Ninguém com um mínimo de bom senso fica sem assunto em Paris. Mas também foi uma semana de impaciência e dúvidas acumuladas. Que Marrocos nos apareceria pela frente? E Bebeto, jogando, jogaria ou não jogaria? Bom mesmo seria chegar de volta ao hotel com a maior *vitesse* possível e dormir com aquela sensação de tudo resolvido – pelo menos até o dia seguinte.

As coisas começaram a se resolver mais cedo do que se esperava. O empate entre Escócia e Noruega mostrou que a configuração do dia era brasileira. Marrocos só entraria em campo para cumprir seu papel no inevitável, como um bode do teatro grego. O Marrocos que nos apareceu pela frente foi Marrocos nenhum, salvo um ou outro bandido de perna levantada. E o Brasil só perderia a oportunidade de sair de Nantes classificado como primeiro do seu grupo mesmo antes de jogar contra a Noruega – o primeiro blefe indiscutível desta Copa – se perdesse para os seus próprios problemas. E é preciso dizer que a seleção fez força para se atrapalhar. Parece que os critérios do Dunga para o comportamento humano começam a criar incômodos à sua volta. Dunga, como se sabe, tem seus parâmetros para o mundo, e o mundo nem sempre corresponde. Zagalo e Zico já teriam reagido às interferências de Dunga na sua função, talvez raciocinando que se não o detivessem agora amanhã ele estaria dizendo ao Ricardo Teixeira como dirigir a CBF, o que pensando bem não seria uma má idéia. Também são freqüentes as reações dos seus companheiros à impaciência de Dunga com a imperfeição. Pelo que deu para ver de longe, pela pantomima, Bebeto não gostou de uma cobrança de Dunga no jogo de anteontem, houve gritos e caras feias, depois do gol de Rivaldo os dois se abraçaram, se explicaram, tudo bem, mas o fato é que Dunga é um brasileiro que ainda não está satisfeito com o time e não acha que tudo esteja resolvido. O que talvez seja a maior razão para se estar otimista.

E vamos pegar o trem e voltar para Paris, em qualquer velocidade, que está na hora. A seleção, pelo menos, chegou à classificação com *grande vitesse*.

MAU TREINO

Na Copa dos Estados Unidos, a gente ouvia a transmissão dos jogos em espanhol porque em inglês não tinha graça. Quem, como eu, se criou ouvindo aqueles artistas da emoção que "irradiavam" os jogos nunca pôde aceitar outro estilo de narrar que não fosse o dramático latino. Lembro que na primeira vez em que fui ver um jogo até me decepcionei um pouco. Futebol no campo era emocionante, mas não era tanto como no rádio. Mas nunca perdi a impressão de que quem não transmitisse o futebol como um locutor brasileiro de certa forma o estava traindo. Era inadmissível, por exemplo, que o grito de "gol" tivesse só um "o". Futebol em inglês não era futebol. Em mexicano, era parecido.

Mas o que eu queria dizer era que os locutores mexicanos chamavam os noruegueses de *los noruegos*. Antes de a Copa começar, eram *los terribles noruegos* mas o adjetivo não resistiu por muito tempo. São sempre assim os *noruegos*, no caso um nome genérico para todos esses times de clima frio e pele branca que assustam todo mundo antes do tempo e quando chegam nas Copas desaparecem – inclusive os noruegueses. Não sei se tem alguma coisa a ver com os *vikings* mas até hoje persiste no inconsciente coletivo da Europa latina – e, através dele, nas suas colônias – um pavor atávico de nórdicos em excursão. Algum dia chegará um time de "*noruegos*" definitivos, de ultra-alemães, que vai arrasar com tudo e com todos e mudar a história do futebol. Ainda não chegou, mas a espera continua. Parecia que seria a Holanda de 74, não era. A Dinamarca de 86... Não era. A Noruega de 98... Como se viu, também não era. Quer dizer, perdemos para outro time de falsos "*noruegos*". Perdemos para um mito.

Está certo, o jogo não valia nada para um Brasil já classificado. Era para ser um treino puxado. Acabou sendo um mau presságio. Contra um time que se fechou, mas precisava ganhar e, por isso, muitas vezes, deu espaço para o Brasil jogar, principalmente no segundo tempo, não soubemos o que fazer. Quando deixou de esperar que uma das suas tantas tramas preciosistas pelo meio desse certo – nenhuma deu – e veio pelo lado, o Brasil fez o gol. O resto do jogo se resumiu no nosso meio campo trocando preguiçosos passes laterais enquanto na frente Ronaldinho, Rivaldo, Bebeto e Denilson faziam seu minueto inconseqüente. Um mau treino.

O único herói brasileiro do dia acabou sendo o Bob Fernandes, que viajou para São Paulo depois de Brasil e Marrocos, teve uma filha chamada Luana e voltou para cá, e agora está cansado mas feliz como um norueguês.

MEU CORAÇÃO

No fim, desculpe a literatura, é tudo entre nós e o nosso coração. Depois do dito e do feito, depois da paixão e da razão, depois da vida das células e da vida social e da vida cívica e das idas e das voltas, e da História e da biografia, e do que os outros fizeram conosco e nós fizemos com os outros, é tudo entre nós e ele. Segundos fora. Nós e ele. A única conversa que vale, a única intimidade que conta.

O coração não tem nada a ver com nada, fora a sístole e a diástole e a sua fisiologia medíocre. Ele nem nos daria conversa, se não dependesse de nós, se não precisasse da embalagem, dos terminais e de alguém que cuide dele. Tudo que lhe atribuem, do mais romântico ao mais calhorda, é falso. Trata-se de um mero músculo, e de um músculo egoísta, que só quer saber da sua própria sobrevivência. Da qual, por uma cruel coincidência, depende a nossa.

Fala-se do "time do coração". Mentira. O coração não tem time. O coração não se interessa por futebol. Só hoje, por exemplo, o meu se deu conta de onde estava. Paris, Nantes, Marselha ou qualquer outra cidade, é tudo o mesmo para ele, desde que ele tenha um lugar seguro onde possa bater e cuidar da sua vidinha.

Mas de repente ele se deu conta e pediu satisfações. Para onde eu o tinha trazido?

Expliquei. A França, a Copa, o Brasil, os jogos, a beleza dos jogos...

Meu coração não quis ouvir falar da beleza dos jogos. Ele não tem nenhum senso estético. Quis saber que história era aquela de morte súbita.

– É uma maneira nova de decidir as partidas que acabam empatadas. Há uma prorrogação e quem marcar o primeiro gol ganha.

Meu coração não quis acreditar.

– Quer dizer que, se esse time pelo qual você torce, como é mesmo o nome?

– Brasil.

– Quer dizer que, se o Brasil empatar com algum outro time, tem prorrogação com morte súbita?

– É...

– Você sabia disso quando me trouxe para cá?

– Sabia.

– Você deliberadamente me trouxe a um evento em que eu posso parar de repente, mesmo não tendo nada a ver com isso? Não era para ser um campeonato de futebol, um esporte, um divertimento, enfim, nada que me dissesse respeito?

– Desculpe. Eu tentei substituí-lo pelo distanciamento crítico, mas...

– Só me diz uma coisa. Se a prorrogação terminar sem que ninguém marque gol, o que acontece?

– Aí decidem nos pênaltis.

– Me leva pra casa.

– O quê?

– Me leva pra casa imediatamente. E pare de me envolver nos seus divertimentos. Você parece que não tem coração.

– Mas nada disto vai acontecer com o Brasil. Prorrogação, pênaltis, nada disso.

– Quase aconteceu contra a Dinamarca!

– É, mas...

– Me tira daqui!

A FAVOR E CONTRA

Faz parte do folclore dos jornalistas, na sua eterna luta com os prazos de fechamento, a matéria feita antes, que vale em qualquer eventualidade. Considerações sobre o nada, à prova de qualquer desmentido dos fatos. Outro recurso é fazer duas matérias, uma prevendo uma coisa e outra prevendo o seu oposto. Este é perigoso, pois há sempre o risco de haver confusão e sair a matéria errada. No caso do futebol, a matéria dupla – por que ganhamos e por que perdemos – requer uma dose maior de sangue-frio, para não dizer cinismo, jornalístico. É conhecida a história daquele editor que se lembrou em cima da hora que no dia seguinte era Páscoa e o jornal precisava se referir à data. Entrou na redação e pediu a um repórter:

– Escreve aí cinco linhas sobre o martírio de Jesus Cristo.

E o repórter:

– A favor ou contra?

Escrever a favor ou contra Zagalo e a seleção de acordo com o resultado da final já seria uma injustiça, escrever a favor e contra antes e publicar a tese justificada pelo resultado seria uma calhordice. Afinal, deve-se ter convicções firmes, independentes da sua conveniência, inclusive sobre o martírio de Jesus Cristo. Nem a vitória redimiria completamente Zagalo das suas teimosias nem a derrota o condena completamente. Zagalo caiu abraçado às suas convicções. Não deixa de haver uma certa grandeza nisso.

Poderia, isto sim, ter-se previsto dois *scénarios*, como gostam de dizer os franceses, para a final, cada um com um personagem diferente, Ronaldo e Zidane. Por que ganhamos? Porque Ronaldo finalmente jogou tudo o que sabe – ele que jogando metade do que pode já era um dos jogadores mais importantes do Brasil – e foi o nome do jogo e da Copa. Por que perdemos? Porque Zidane, e não Ronaldo, foi o nome do jogo e finalmente o herói do dia e do título. A grande noite de Ronaldo e suas conseqüências eram mais fáceis de prever. Do lado da França o herói podia ser qualquer um. Mas como o *scénario* da Copa acabou sendo perfeito para os franceses, nada mais adequado e dramaticamente certo do que o seu jogador favorito ser o seu jogador decisivo.

Preciso confessar que escrevi parte deste texto, até o Jesus Cristo, antes de começar o jogo. É um exemplo do uso do nada para ganhar tempo. Poderia ter escrito antes sobre o triunfo final de Ronaldo ou o seu fracasso e mandado o texto que encaixasse com o resultado. O que eu nunca poderia escrever era qualquer coisa que antecipasse três a zero para a França. Três a zero, nem no *scénario* do francês mais delirante.

A SEGUNDA MENSAGEM

A única vez, antes desta, em que o Brasil perdeu uma final de Copa do Mundo foi em 1950. As circunstâncias eram diferentes. Em 50, o Brasil não podia perder, não tinha como perder, seria uma aberração perder, e perdeu. O trauma, de tão grande e inesperado, ficou como uma espécie de castigo exemplar, valendo para todas as nossas presunções e vaidades, e não apenas as do futebol. Um recado direto dos deuses. Desta vez, a frustração foi menor. Talvez porque a expectativa fosse mais artificial, criada mais pelo vamlá publicitário do que pelos fatos. Em 50, a seleção tinha arrasado os dois adversários anteriores ao Uruguai, em partidas até hoje lembradas como o mais próximo que um time brasileiro já chegou da perfeição. Na França, mesmo quando ganhamos bem (Marrocos, Chile), jogamos mais ou menos, ganhamos três com dificuldades e perdemos uma. Nada nos antecedentes justificava muita euforia. Nada na derrota corriqueira justifica muita introspecção nacional, na procura de algum pecado coletivo punível pela tragédia. Se perdemos para os deuses da retribuição, a culpa não foi nossa.

E se nada na nossa alma provocou a derrota, o alvo da retribuição deve ser procurado no plano rasteiro e banal da má administração. Das escolhas erradas, do trabalho malfeito, da confusão de negócios e interesses pessoais com critérios, finalmente da crise de valores e senso que culminou na escalação, às nove da noite, de um jogador que estava em convulsões às três da tarde. Se a segunda derrota numa final em meio século traz algum recado do alto, seu endereço é a CBF.

Mas é claro que a única mensagem da derrota na França pode ser ainda mais corriqueira, envolvendo não um desafio ao poder dos deuses ou o destino trágico das pretensões humanas mas questões restritas ao pequeno mundo da grande área. Onde, como se sabe, a primeira lei é que nunca se deixa alguém cabecear sozinho.

O QUE NOS ACONTECEU

Foram 53 dias, quase um exílio. Como aqueles japoneses que só começam a fazer turismo quando chegam em casa – a viagem é apenas para gravar os *tapes* – vamos voltar para sentar, pensar e descobrir o que, exatamente, nos aconteceu. A última Copa do Mundo do primeiro século do futebol e último século do milênio tem que ter um significado maior, nem que seja só para encher este espaço.

Pode ter sido a Copa final do nacionalismo. As torcidas pintaram a cara com as cores das suas bandeiras para dar um adeus tribal a toda noção de país. No futuro, as torcidas serão de falsos selvagens, e as copas serão oficialmente o que esta foi disfarçadamente, um torneio de grifes. Os clubes, estas pequenas nações de mentira, também estão reagindo contra as seleções nacionais, que confiscam a sua mercadoria – os jogadores – e a devolvem, muitas vezes, estragadas, sem mais qualquer valor comercial. Grifes e clubes querem acabar de uma vez por todas com esse uso obsoleto da camiseta como se fosse um uniforme da pátria, quando é um espaço publicitário.

Por falar em camiseta, esta foi a Copa da camiseta puxada. Nunca tantos puxaram tantos pela camiseta, geralmente com a mão que o juiz não via. No futebol americano, certa vez, experimentaram fabricar camisetas com um tecido sintético que se desfazia e saía na mão do puxador. Se for possível fazer isso sem ameaçar a integridade do nome do patrocinador na camiseta, vou reivindicar meus *royalties* pela idéia.

O que foi mesmo que aconteceu em Paris? Os franceses estão convencidos de que tiveram outro encontro com a História e que o triunfo no futebol foi a inauguração de um período de *grandeur* inimaginável. Vai ver estivemos presentes em outra queda da Bastilha e não notamos. Eu só vou saber quando chegar em casa.

O QUE REALMENTE ACONTECEU

Para encerrar de uma vez por todas a questão, eis o que realmente aconteceu no domingo, 12 de julho, antes de o Brasil entrar em campo para decidir a Copa do Mundo. Todas as outras versões dos fatos são incorretas ou fantasiosas.

11h – Os jogadores acordam normalmente, como todos os dias. Dunga vai no quarto de cada um e o derruba da cama.

11h15 – Zagallo convoca uma reunião para tratar da estratégia que usarão contra a Noruega. Ninguém lhe dá atenção. Zico lembra a Zagallo que o jogo será contra a França.

11h30 – Café da manhã. Todos parecem descontraídos. Há a habitual guerra de coalhada, vencida por Roberto Carlos. Dunga pede voluntários para limpar uma clareira atrás da concentração de pedras e tocos de árvores, mas acaba indo sozinho. Ronaldinho recebe um telefonema da Adidas, dizendo que seqüestrou a Suzana Werner. Zagallo volta para a cama.

12h – Almoço. Todos estranham a mudança do pessoal da cozinha, e do menu. As suspeitas crescem quando um dos *escargots* servidos ao Ronaldinho tenta fugir do prato mas cai, com evidentes sinais de envenenamento, antes de chegar muito longe. O *escargot* é atendido pelo Dr. Lídio, que diagnostica estresse e autoriza a sua volta para o prato de Ronaldinho.

13h – Descanso. Os jogadores vão para os seus quartos, ignorando uma convocação do Zagallo para estudar *tapes* dos últimos jogos da Croácia, para não serem surpreendidos. Júnior Baiano pede um dos livros do Leonardo emprestado e pergunta se o Schopenhauer é com figurinha. Isto parece afetar estranhamente Ronaldinho, que tenta esgoelar Roberto Carlos. Ninguém intervém e alguns até o incentivam. Ronaldinho só pára com a chegada de Ricardo Teixeira com a notícia de que a Nike comprou a CBF, pretende redimensioná-la, investindo em outras áreas, e quer perder a Copa para sinalizar ao mercado que está abandonando o futebol.

14h30 – No quarto, Roberto Carlos raspa a cabeça de Ronaldinho e nota um pequeno dardo espetado na sua nuca. Ronaldinho diz que pensou que fosse uma mordida de mosquito e os dois não dão maior atenção ao fato.

15h17 – Roberto Carlos acorda da sesta e vê Ronaldinho caminhando no teto.

15h20 – Depois de tentar, inutilmente, puxar Ronaldinho para o chão, Roberto Carlos vai procurar ajuda. Encontra Dunga no corredor, fazendo embaixada com uma escrivaninha. Os dois correm para o quarto e descobrem Ronaldinho de pé em cima da cama, coberto de pêlos, rosnando e com o chapéu do Napoleão na cabeça. Começam a gritar. Chegam correndo César Sampaio, Cafu, Altair e Júnior Baiano mas nenhum deles consegue impedir que Zidane seja o primeiro a entrar no quarto.

15h42 – Depois de examinar a situação, o Dr. Lídio recomenda repouso e muito líquido e receita duas aspirinas e um calmante para Roberto Carlos.

16h05 – Em pânico, César Sampaio enfia o dedo na boca e tenta desenrolar a língua de Zé Carlos, até ser convencido de que ele fala assim mesmo. Zagallo acorda da sesta e, ao ser informado do ocorrido, pergunta: "Que Ronaldinho?"

18h52 – Ronaldinho é levado para um hospital francês, onde é substituído por um sósia.

20h30 – O sósia de Ronaldinho assegura à comissão técnica que pode jogar. Intrigados com o fato de o jogador estar falando com um forte sotaque francês, a comissão ouve dos médicos a explicação de que aquilo é comum em casos como o do Ronaldinho, seja ele qual for.

20h50 – A seleção entra em campo com o sósia do Ronaldinho, que não joga nada. O Brasil perde o jogo e a Copa.

SONHO

Para um apaixonado por viagem e futebol, como eu, cobrir uma Copa do Mundo é ótimo. Mesmo perdendo, é ótimo. Você é pago para ver os jogos, fica nos melhores lugares do estádio e ainda pode brincar de cronista esportivo, cercado por cronistas esportivos de verdade.

Quando eu era pequeno, queria ser aviador ou cronista esportivo. Se possível as duas coisas juntas, um piloto de caça que, em tempos de paz, escrevesse sobre futebol. Ah, poder ver os jogos dos "reservados para a imprensa" e usar todas aquelas palavras que, na época em que a linguagem jornalística vivia a angústia do sinônimo pronto para evitar repetições, eram obrigatórias nos textos esportivos: "contenda" ou "porfia" em vez de partida, "esférico" ou "número 5" em vez de bola, etc. Voar muito, como passageiro, e pelo menos de quatro em quatro anos me meter a comentar futebol são o mais perto que consegui chegar dos sonhos de infância. E todos sabem o prazer que é chegar perto dos sonhos de infância.

CINEMA

O melhor começo

PRIMEIRAS APARIÇÕES

Com o tempo, vamos nos enternecendo por nós mesmos. Depois de uma certa idade, os aniversários passam a ser ocasiões de autocomiseração e simpatia. Os amigos se reúnem não mais para celebrar a sua idade mas para consolá-lo. Pronto, pronto, envelhecer acontece com todo mundo. Há coisas piores do que fazer 61 anos, mas ninguém consegue se lembrar de nenhuma. Melhor mudar de assunto.

Por razões que não interessam, fiz aniversário, ontem, em São Paulo, e a comemoração da doce tragédia foi na casa dos amigos Armando Coelho Borges e Natália, pais da Maria Eduarda, que vem a ser minha afilhada. Presentes, entre outros, o Paulo Caruso e a Maria Eugênia. Todos mudaram de assunto com a maior consideração comigo. Começamos a falar, por exemplo, de cinema e de primeiras aparições inesquecíveis. O Paulo Caruso, que é uma criança, lembrou a primeira aparição da Kim Novak, em *Picnic*. Foi quando ele descobriu que a vida podia ser uma sucessão de boas surpresas, e que algumas seriam loiras. O Armando e eu tínhamos recordações mais profundas. As coxas da Silvana Mangano em *Arroz amargo*. A primeira vez que a Ingrid Bergman aparece para o Gary

Cooper, em *Por quem os sinos dobram*. E talvez a primeira aparição quintessencial, a mais inesquecível de todas, pelo menos para nós, sessentões inconsoláveis: a primeira visão de Rita Hayworth em *Gilda*. Sei de sessentões que dividem sua vida em antes e depois da primeira aparição da Gilda em *Gilda*, e ainda suspiram com a lembrança.

Há quem lembre Audrey Hepburn em *Roman holiday* e até a Nastasia Kinsky naquele filme em que o Mastroianni não sabe se ela é sua filha ou não. São crianças que não sabem o que dizem. Está aí uma vantagem de ter 61 anos. Estávamos lá quando o marido perguntou *Gilda, are you decent?* e Rita jogou os cabelos para trás e disse *Yes*, e nós e o Glenn Ford estávamos perdidos.

OS *TRAVELLINGS* DO KUROSAWA

Uma vez ficamos tentando decidir qual era o melhor começo de filme de todos os tempos. Alguém lembrou a primeira tomada de *Janela indiscreta*, do Hitchcock. Num único deslocamento pelo interior de um apartamento, a câmera mostra fotos e objetos que dizem tudo sobre o seu dono, quando chega no personagem já sabemos sua profissão, seu passado, a cara da sua namorada e a causa da sua perna engessada. Mas eu votei na primeira cena de *Yojimbo*, do Kurosawa. Um samurai à procura de emprego chega a uma encruzilhada. Não sabe para que lado seguir. Nisto, por uma das estradas, surge um cachorro com uma mão humana entre os dentes. O samurai vai pelo caminho que trouxe o cachorro, certo de que no fim da estrada encontrará trabalho.

O fascínio do cinema de Akira Kurosawa era, um pouco, o fascínio do Japão, aquela mistura de hábitos e gestos estilizados há séculos e tecnologia moderna explosiva. Você era hipnotizado pela estranheza do cenário e da interpretação ritualizada, e de repente era levado por um daqueles *travellings* maravilhosos, como ninguém fez igual na história do cinema, com a possível exceção de Max Ophuls e John Ford. O *travelling* é o momento mais autoconsciente do cinema, é um exibicionismo da câmera, e no caso de Kurosawa foi o que o destacou dos diretores clássicos japoneses, para os quais a câmera discreta era uma declaração de princípios. Dizem que no Japão ele nunca teve o prestígio que teve no Ocidente. Podia ser uma reação à mobilidade desrespeitosa da sua câmera. Talvez não tenha sido um dos melhores diretores do Japão, mas foi um dos melhores diretores do mundo. Nunca fez o espetáculo só pelo espetáculo e até uma carga de cavalaria num filme seu podia ser uma reflexão humanista, mas foi tudo menos um introspectivo oriental. Kurosawa, como o seu samurai seguindo a estrada do cachorro, estava atrás de barulho.

OS SEIOS DA MARTINE CAROL

Eu tinha um sonho de rolar na neve abraçado com a Catherine Deneuve e um dia aconteceu o seguinte: a Catherine Deneuve estava em Porto Alegre para lançar um produto de beleza – e nevou! Pela primeira vez na história caiu neve em Porto Alegre. Justamente no dia em que, pela primeira vez na história, a Catherine Deneuve visitou Porto Alegre. Se quisesse realizar a minha fantasia, eu precisava agir rapidamente. Primeiro, chegar até a Catherine Deneuve. Depois, explicar a ela o meu sonho e a minha urgência, com o meu escasso francês. Depois convencê-la a procurar um local adequado para rolarmos na neve. Depois, encontrar o local... Desisti. E nunca mais terei a oportunidade, eu sei. Pode nevar de novo em Porto Alegre, mas a possibilidade de a Catherine estar de novo por perto é mínima. E se um dia a coincidência se repetir, não adiantará. Concluirei que nem eu nem ela temos mais idade para andar rolando por aí na neve, com o risco de pegar uma pneumonia. De qualquer forma, ficou a lição. Sonhe o sonho impossível. Nunca se sabe quando uma conjunção de fatos improváveis – o mundo acabar e sobrarem só você e a Patrícia Pillar, por exemplo – o tornará possível.

Me lembrei da Catherine Deneuve porque escrevi no outro dia que não víamos mais filmes franceses e italianos e se isso é uma lamentável prova da nossa entrega total à ditadura cultural americana também é uma grande ingratidão com o cinema da França e da Itália e, principalmente, com as suas mulheres, as suas grandes mulheres. Minha geração deve muito às coxas da Silvana Mangano e aos seios da Martine Carol. Os seios da Martine Carol foram os primeiros que muitos de nós vimos numa tela, no tempo em que cada terceira palavra de filme americano não era "fucking" e só havia sexo em filme europeu. E só quem lembra como era difícil ver um seio nu, qualquer seio nu, na adolescência, durante a Idade Média, sabe o que significavam os seios da Martine Carol. Ingratidão, ingratidão.

O PONTO DE RUPTURA

Não me lembro de título, diretor, nada. Era um filme italiano com o Mastroianni. Faz anos. O Mastroianni tinha uma obsessão: vivia enchendo balões até que arrebentassem. Precisava descobrir o ponto exato que antecedia a ruptura dos balões, o exato ponto em que um sopro, um hálito, a mais faria o balão estourar na sua cara. E é claro que só descobria até onde podia soprar depois que o balão estourava na sua cara. O ponto exato era o que antecedia o estouro, só podia ser descoberto quando não adiantava mais nada. Você só sabe até onde pode ir quando já foi.

Também não me lembro que uso simbólico fazem, no filme, dessa atormentada obsessão do personagem, nem como ela se encaixava na trama. Devia ter algo a ver com nossa relação com o tempo e o autoconhecimento. Afinal, nossa biografia só faria sentido para nós depois da nossa morte, literalmente depois do último hálito, quando nada mais faz sentido para ninguém. A trama certamente não terminava bem. Desconfio que o Mastroianni morria no fim, não de filosofia demais mas assassinado por alguém aos gritos de "Pare com esses malditos balões!". Não sei.

Às vezes acho que o Congresso brasileiro está atrás do mesmo ponto de ruptura, do mesmo limite de até onde pode ir. O que você e eu chamamos de desfaçatez seria, na verdade, uma busca ontológica de últimas verdades, sobre eles mesmos e sobre a capacidade do saco nacional. Mas só vão descobrir que foram longe demais quando for tarde demais. Não há perigo aparente de ruptura institucional como antigamente. Mas pior que um estouro na cara deve ser a lenta degradação até a desmoralização terminal do legislativo – ou seja, da democracia – entre nós. Vá lá que seja apenas uma especulação filosófica ou um teste de resistência de materiais. Devem encerrá-la imediatamente. O ponto máximo está próximo. Já encheram o bastante.

KUBRICK

Na lista das melhores aberturas de filme de todos os tempos tem que estar a do *Lolita* do Kubrick. Close do pé de uma menina, sustentado no ar pela mão de um homem mais velho sob o tornozelo. Com a outra mão, o homem começa, delicadamente, a pintar as unhas do pé. Aparecem os créditos. Apesar de o próprio Nabokov ter escrito o roteiro do filme, nessa imagem inicial sem palavras, obra exclusiva do diretor, estão toda a devoção, a obsessão e a perdição de Humbert diante da sua ninfeta e um resumo do universo tragicômico de palavras construído pelo autor, que não foi um bom adaptador de si mesmo. Talvez pelas restrições da época, o *Lolita* de Nabokov e Kubrick foi menos do que podia ser. E nunca esteve à altura do seu começo.

Mas Kubrick freqüenta algumas outras listas definitivas. Com *Glória feita de sangue* fez um dos grandes filmes antimilitares de todos os tempos, maior até do que *Nascido para matar*, dele mesmo. Seu *Spartacus* foi ao mesmo tempo um superespetáculo e um dos melhores filmes políticos de todos os tempos. *Dr. Strangelove* e *Laranja mecânica* talvez não resistam por todos os tempos, mas foram dois inventários alucinantes das paranóias da época. E seria bom rever *2001* para saber como o filme resistiu a todos os avanços na arte da trucagem desde então (1968) e especular o que Kubrick não faria com os efeitos especiais de hoje, quando tudo, literalmente tudo, que possa ser imaginado pode ser feito.

Uma das cenas antológicas do filme *2001* é o assassinato do computador *HAL*, que comanda a nave espacial. O ano 2001 se aproxima e as viagens espaciais não são tão comuns como se previa em 68. Ainda não existe nada parecido com as estações orbitais de lançamentos retratadas no filme e os viajantes do espaço ainda não chegaram perto das fronteiras do conhecimento, ou do entendimento possível, do universo, mostradas no filme. E não deixa de ser irônico que a morte dos computadores que dominam o mundo – o único ponto em que a realidade confirmou as profecias do filme – se dará não por assassinato nas mãos de humanos rebelados mas por suicídio, antes de 2001. Quando 2000 chegar, os computadores não entenderão seus próprios zeros e decidirão que sua missão na Terra acabou. No *2001* o monolito foi posto na Lua como um alarme. Se fosse descoberto pelo Homem, seria o sinal de que o Homem já estava em condições de ameaçar o resto do Universo e precisava ser contido. Talvez o monolito real seja o *bug* do milênio, sutilmente introduzido no processo mental dos humanos por alguma civilização extraterrena precavida, quando recém saíamos das cavernas e inventávamos o porrete. Com o computador que não previu sua própria existência depois de 1999, teríamos chegado ao limite da nossa inteligência e da nossa capacidade de ameaçar os outros. O *bug* do milênio seria um certificado de que, com toda a nossa pretensão e agressividade, seríamos, no fim, uma espécie inofensiva. O Universo não precisa se preocupar com a gente.

Sobre comédias e vilões

ESCARAFUNCHADORES

O filme *Mensagem para você* é uma daquelas simpáticas bobagens que os americanos fazem melhor do que ninguém. Como é escrito e dirigido pela Nora Ephron, baseado num filme de Lubitsch, tem alguma sofisticação a mais, além do simples apelo digestivo de uma comédia romântica. Lubitsch ganhou a reputação que tem até hoje (há sempre um "Festival Lubitsch" em cartaz em algum lugar de Paris) fazendo exatamente isso, bobagens engenhosas, com um toque pessoal a mais. No caso de Lubitsch, ironia sentimental européia, no caso de Ephron, cinismo sentimental nova-iorquino.

O filme de Ephron trata de um problema real, quando não está narrando mais um capítulo da busca da Meg Ryan pelo amor ideal, que acompanhamos há tanto tempo: o mal que as megalivrarias fazem ao comércio tradicional de livros. Você não imaginaria, dentro de uma daquelas enormes Barnes & Noble de Nova York, que alguém pudesse ser contra o que elas representam, a máxima deferência ao conforto e à conveniência do comprador de livros, ou do escarafunchador de livraria. Mas são justamente os escarafunchadores que reclamam. As megalivrarias acabaram com o prazer de escarafunchar, já que – a própria palavra está dizendo – escarafunchar pressupõe pilhas poeirentas, estantes inacessíveis e todas as dificuldades que tornam a descoberta do livro procurado uma vitória pessoal, emocionante como uma conquista arqueológica. Ficou tudo asséptico, e fácil, demais. Os escarafunchadores, uma minoria, são apenas a facção mais radical dos leitores que preferem livrarias numa escala mais humana, menos voltadas para promoções e últimos lançamentos e com menos cara de supermercado. E estas as meças estão matando.

Mas tem sido assim a paradoxal história da era americana: quanto mais conveniente fica a vida – pela robotização da indústria, pela racionalização do comércio e pela facilitação da comunicação instantânea – mais as pessoas se afastam delas mesmas. No fim do século, só a Meg Ryan será feliz.

SHAKESPEARE APAIXONANTE

A única coisa errada com o filme *Shakespeare in love* é o próprio Shakespeare. É ótimo ver heróis culturais retratados como homens de ação, quem disse que o intelectual não pode ser um espadachim? Está aí o nosso Éfe Agá numa passável interpretação de presidente galante. Uma vez fizeram um filme em que Sigmund Freud e Sherlock Holmes compartilhavam uma aventura, e era estranhamente empolgante ver Freud saltando de trens em movimento e derrubando bandidos a soco, desagravando toda a classe cerebral. Mas o atlético Shakespeare do filme não parece capaz de escrever três palavras, quanto mais peças inteiras.

Se o Shakespeare com cara de burro é inverossímil, não se pode dizer o mesmo de Gwyneth Paltrow. Não importa que o personagem seja fictício, não fica a menor dúvida de que Shakespeare compôs seu soneto mais famoso para alguém parecido com ela. Que outra atriz poderia, com tanta justiça, ser comparada a um dia de verão? E que outra atriz de hoje continuaria tão inspiradora de bigode e cavanhaque? Dizem que Shakespeare escrevia seus sonetos de amor para rapazes. O problema com heróis culturais muito antigos é que fazem tantas revisões das suas vidas que fatalmente aparece uma versão em que ele é veado. O filme – não fosse um dos seus autores o mestre em nuances, Tom Stoppard – brinca com a questão do travestismo no teatro elizabetano e o estado constante de ambigüidade que a proibição de se ver mulher no papel de mulher devia causar nos bastidores e na platéia. A confusão de sexos é um tema reincidente nas comédias de Shakespeare, que talvez estivesse mesmo tentando nos dizer alguma coisa a seu respeito.

Na peça *Antony and Cleopatra*, Shakespeare põe na boca da Cleopatra, à beira do suicídio, a previsão de que seu amor por Marco Antônio ainda será assunto de uma peça em Roma, e que Marco Antônio aparecerá como um bêbado e um menino de fala fina a representará como uma prostituta. Num palco elizabetano, isto seria dito por um menino de fala fina. A musa fictícia de Shakespeare poderia temer o mesmo destino, se alguma vez contassem a sua história de amor antes que mudassem os costumes do teatro. Felizmente os costumes mudaram, depois inventaram o cinema, depois veio o Tom Stoppard, tudo bem que acaba bem. Mas desconfio que mesmo se nada tivesse mudado, não faria diferença. Até como homem a Gwyneth Paltrow seria uma grande mulher.

EVITA

A megabadalação que acompanha o lançamento de um filme como *Evita* cria uma predisposição a não gostar, nem que seja só como forma de resistência ao marquetchim. Só isso explica a quase unanimidade da crítica contra o filme, que eu achei extraordinário.

A má reputação musical de Andrew Lloyd Webber não ajudava, mas quem vencesse os preconceitos veria que *Evita*, no palco, era uma coisa só vista antes no cabaré político alemão, e, portanto, muito perto do teatro de Brecht e Weill, guardadas as óbvias proporções. O sucesso popular da peça impediu que a opinião séria da época notasse esse parentesco, mas estava tudo lá. O distanciamento enfatizado pelo uso irônico da música, o expressionismo simplificador para tornar a mensagem política clara e atraente. E Kurt Weill também fazia canções românticas.

E está tudo lá no filme, também. Criticam o que o filme tem de melhor, o contraponto entre o naturalismo e a ópera. A realidade da relação emocional dos argentinos com Evita era operática, e surrealista, como são todos os musicais. O filme começa dentro de outro filme, um dramalhão de época argentino que é interrompido pelo anúncio da morte de Evita. A câmera recua e sai de um dramalhão para entrar em outro. As simplificações políticas são didáticas, apresentadas em sínteses visuais admiráveis, e ninguém pode dizer que estejam muito erradas.

É um grande filme. Ignore toda essa propaganda que diz que você não pode perdê-lo e não perca.

O ARQUIVILÃO

Ao agradecer a homenagem que recebeu do Festival de Gramado, o Lewgoy disse que a recebia também em nome do Oscarito e do Grande Otelo, que, com ele, formavam o trio indispensável da fase mais popular do cinema brasileiro, a das comédias musicais da Atlântida. Lewgoy lembrou que o país era mais feliz naquela época e disse que eles eram um pouco responsáveis por essa felicidade que se foi. As "chanchadas" da Atlântida seguiam uma fórmula simples, que não era uma invenção brasileira, mas cuja adaptação ao nosso jeito deu certo como jamais outra fórmula importada daria. Depois o cinema brasileiro só seria bem-sucedido sendo original. As comédias da Atlântida mantêm sua força nostálgica porque foram a última vez em que pudemos imitar os mais velhos impunemente e com graça, o que é um privilégio da infância.

A fórmula não variava. Havia um mocinho (Anselmo Duarte ou Cyl Farney) e uma mocinha (quase sempre a Eliana), o amigo gozadão (no caso dois, o Oscarito e o Otelo) e um vilão indiscutível, o Lewgoy. O próprio homenageado, ao evocar seus companheiros daquela época, nos deu a dica. Não estávamos só honrando o nosso ator mais internacional e tudo o que ele já fez numa carreira admirável, também estávamos celebrando aquela nossa infância em que os heróis eram heróis, seus amigos eram trapalhões mas fiéis, e os vilões eram indiscutíveis. De todas as nossas nostalgias, a de bandidos claramente identificáveis talvez seja a mais pungente. Lewgoy foi um arquivilão que perdemos e nunca foi substituído, também por isso o aplaudimos de pé. Nossos bandidos se tornaram ambíguos e difusos. Viraram assaltantes menores, mas a culpa é da sociedade. Viraram torturadores, mas estavam nos salvando do comunismo. Viraram economistas, mas suas explicações sempre faziam sentido depois. Viraram banqueiros, empresários e políticos, mas todos com RP impecável. Vamos odiar a quem, exatamente? Saudade do Anjo.

DO CINISMO

Al Pacino em *O advogado do diabo* é a prova mais recente de que não há nada mais divertido do que um vilão bem articulado. Os bons atores correm atrás de bons papéis de vilão, e os melhores vilões são os que se conhecem e se explicam. Vilania mais autoconsciência costuma dar ótima literatura, como mostram os clássicos maus-caráteres de Shakespeare. Personagens como Ricardo III não são realistas – poucos bandidos têm uma noção tão clara da sua própria calhordice, ou a festejam tanto – mas são grandes papéis porque neles o mal se auto-examina em grandes discursos cínicos, e poucas coisas são, dramaticamente, tão fascinantes quanto o cinismo ostentado – ainda mais quando é bem escrito. O cinismo é a ironia com poder, ou a ironia no poder, e como a ironia é a província do intelectual, um intelectual no poder tem o mesmo privilégio do tirano mais bem articulado de Shakespeare, que podia ser Ricardo III e ao mesmo tempo se observar sendo Ricardo III e dizendo que o que é não é e o que não existe, existe. E se maravilhando com ele mesmo.

Maquiavel foi um injustiçado. Acabou como um símbolo da maquinação obscura na política e só estava tentando inventar uma teoria do estado urbano, quando as cidades-estados recém começavam a desafiar o poder feudal. Mas se ficou como o patrono da duplicidade e da manipulação do poder é porque as pessoas acreditam que o poder autoconsciente será sempre cínico, que qualquer pensamento sobre o poder denunciará a sua mistificação. Assim qualquer intelectual que, como Maquiavel, não apenas pense no poder como o exerça, em cena ou nos bastidores, acabará com uma reputação de cínico, mesmo que não a mereça. É como se para um intelectual no poder não houvesse escolha entre ser autoconsciente ao extremo, como Ricardo III interpretado por Al Pacino, e, portanto, cínico, e não se entender.

ELES MERECEM

Tudo bem, eu também vou para a frente da televisão torcer pelo *Central* e pela Fernanda. Se todos os anos a gente se promete que não vai perder mais sono vendo o Oscar e no ano seguinte está lá, firme, acompanhando até melhor esguicho de sangue em produção independente, como não estar lá quando o Brasil é candidato? U-tererê, Fernanda até morrê.

E os americanos merecem esta nossa prostração diante do seu ícone dourado. O Oscar transformou-se no símbolo maior da competência comercial americana. Eles conquistaram o mundo com o sortilégio, nada mais certo que a maior festa da sua indústria mais internacional seja isso, uma orgia autocongratulatória, a celebração da glória de ser rico e americano e adulado, transformada no maior evento anual da mídia para todo o mundo, inclusive você e eu, que não somos nada disso. Nada mais certo que o século americano termine com a entrega do Oscar sendo a grande cerimônia tribal do planeta.

Há dias a NET mostrou a entrega do Cesar, o Oscar francês. Só para provar que, com toda a sua pretensão de ser uma alternativa para a vulgarização do mundo pelos americanos, não há nada mais americanófilo do que um francês. A festa foi igual à do Oscar e o artista homenageado da noite, tratado como um Orson Welles redivivo foi – Johnny Depp?! Mas quem viu o Cesar também deve ter notado outra coisa. Nenhum dos filmes premiados chegou ao Brasil ou, pelo que eu saiba, tem qualquer possibilidade de furar o quase monopólio americano da distribuição que existe aqui e chegar ao Brasil. Deve haver, ainda, uma indústria de cinema na Itália mas, pelo que se vê aqui do cinema italiano, ela morreu junto com o Fellini. Com poucas exceções, graças a distribuidores independentes, certamente malucos, só são lançados no Brasil os poucos filmes europeus comprados para serem lançados também na matriz, como o *A vida é bela* (Todos juntos: buuuu!).

É bom ser pseudo-americano e ficar olhando o Oscar, não entendendo as piadas, mas rindo assim mesmo. É o sortilégio, e é irresistível. Chato é quando acaba a festa e a gente se descobre só pseudo.

EXEMPLO MORAL

O filme *Casablanca* rivaliza com a Bíblia e com Shakespeare como fonte de citações. Sempre que eu lia sobre empresários convocados pelo governo para os "acordos de cavalheiros" que pretendiam regular a economia brasileira pela exortação moral, lembrava a frase do chefe de política Renault depois de cada atentado terrorista em *Casablanca*: "Prendam os suspeitos de sempre." Aqui os de sempre reuniam-se com o governo e chegavam a acordos sobre preços e práticas que nunca eram cumpridos, o que não impedia que fossem convocados de novo. Hoje não há mais reuniões assim. Desistiram de acordos, desistiram dos cavalheiros ("São todos uns bandidos", disse, memoravelmente, o Ricupero, para escândalo até do PT) ou a recessão se encarregou de tornar todos virtuosos. Ou então – a explicação mais simples – São Paulo não se reúne mais com o governo porque São Paulo é o governo.

Outra vertente de boas frases é a irreprimível Lady Bracknell, que aparece só duas vezes na peça de Oscar Wilde *A importância de ser resoluto* (intenso? convicto? sério?), mas deixa citações prontas espalhadas pelo chão. Tais como: "Não aprovo nada que interfira com a ignorância natural. A ignorância é como uma delicada fruta exótica, toque-a e seu frescor desaparece. Felizmente, na Inglaterra, pelo menos, a educação não produziu qualquer efeito. Se produzisse, seria um sério perigo para as classes altas e provavelmente levaria a atos de violência em Grosvenor Square." Lady Bracknell também não aprovava noivados longos: "Dão às pessoas a oportunidade de conhecerem bem o caráter um do outro antes do casamento, o que nunca é aconselhável." Mas não sei se é dela a observação de que, se as classes inferiores não dão um bom exemplo, para o que servem? "Eles parecem não ter, como classe, qualquer senso de responsabilidade moral." No Brasil, as classes inferiores cumprem seu papel e dão às elites repetidos exemplos de bom senso, honestidade e, principalmente, contenção e paciência. Quando a paciência acaba – como na questão das invasões de terra – não falta quem se sinta ultrajado, como se os pobres estivessem, irresponsavelmente, esquecendo as regras da etiqueta.

LITERATURA

Realismo fantástico

QUANDO EU ERA INVISÍVEL

Quando eu descobri que podia ficar invisível, tinha 13 anos e a primeira coisa que fiz foi entrar no vestiário das mulheres, no clube. Durante algum tempo, só usei meu poder para coisas assim. Ver mulher pelada, mudar as coisas de lugar para assustar as pessoas, dizer coisas no ouvido delas quando elas pensavam que estavam sozinhas, ficar atrás do goleiro do Internacional para chutar as bolas que ele deixava passar e evitar o gol, coisas assim. Muito Gre-Nal da época fui eu que decidi, defendendo em cima da linha, e ninguém ficou sabendo, ou pelo menos ninguém acreditou quando eu contei.

Também entrava em cinemas sem pagar e ainda cutucava a barriga do porteiro, só por farra. Vi todos os filmes proibidos até 18 anos que ninguém mais da minha geração viu. O único perigo, nos cinemas, era alguém, vendo a minha poltrona vazia, sentar no meu colo. Como eu invariavelmente estava com uma ereção, havia sempre a possibilidade de uma catástrofe.

Aos 16 anos me apaixonei por uma menina de 15, a Beloni, e um dia fiquei invisível e a segui até em casa. Queria ver como era o seu quarto e a sua vida, queria vê-la tomando banho, mas não queria ver o que vi, uma briga feia dela com a mãe, depois ela trancada no quarto, chorando, eu sem saber se afagava sua cabeça e a matava de susto ou o quê. No fim, quase fiquei preso no apartamento porque todos foram dormir e trancaram as portas, tive que simular batidas na porta da frente para o pai da Beloni vir abrir e me deixar escapar. Depois, tive que explicar em casa por que ficara na rua até aquela hora, e só quando já estava na cama me dei conta de que perdera a viagem porque a Beloni, de tão amargurada, nem tomara banho e dormira vestida. Voltei à casa dela no dia seguinte, atraído não apenas pela possibilidade de vê-la nua como a de, de alguma forma, interferir no seu drama doméstico, ajudá-la, mudar seu destino, em último caso empurrar sua mãe pela janela. Desta vez, peguei uma briga da mãe com o pai da Beloni. Fiquei achatado contra uma parede, apavorado. Era terrível como as pessoas se comportavam quando achavam que não estavam sendo observadas. E era terrível não poder fazer nada. Era terrível ser invisível, ter aquele poder – e nenhum outro. Eu não podia mudar a vida da minha amada Beloni como podia mudar o resultado de um jogo. Podia andar pela sua casa sem ser visto e sentir o cheiro doce da sua nuca, tendo apenas o cuidado de não encostar o nariz, mas não podia salvá-la.

Acho que foi então que me convenci de que a invisibilidade era, na verdade, um poder trágico. Depois da minha imersão na vida privada da família da Beloni – que eu revi outro dia e me contou que está bem, que se casou com um astrônomo belga que tem até uma estrela com o nome dele, que ela não se lembrava como era, está claro que enlouqueceu –, nunca mais consegui me divertir com minha invisibilidade. Não entro mais em vestiários femininos, pois que graça há na mulher nua, se ela não está nua para você, se ela nem sabe que você a está vendo, e que aquele hálito na sua nuca é o seu? Não entro mais em campo, pois que graça há no seu time ganhar com sua participação anti-regulamentar, e sem que você ganhe sequer uma medalha, uma linha no jornal? E já tenho idade suficiente, mais do que suficiente, para entrar em filmes proibidos à vista do porteiro. Pensando bem, hoje só fico invisível quando quero estar sozinho ou, vez que outra, quando estou dirigindo, para ver as caras de espanto dos outros motoristas. Mas nem isso me diverte mais. A invisibilidade é para os jovens.

Troquei meu poder pelo ofício de Flaubert, que dizia que todo escritor é um fantasma percorrendo as suas próprias entrelinhas, ou coisa parecida. Abandonei a vida real por ficções como esta, em que controlo tudo e posso mudar a vida das pessoas e dispor do seu destino, e fornecer os seus diálogos, e matá-las ou salvá-las como me apetecer. E em que apareço e desapareço quando quero. E posso não só sentir o cheiro doce da nuca das mulheres que invento como roçar nelas o meu nariz. E até fazer "nham!", se quiser, sem qualquer perigo.

O QUE VEM AÍ

Um dos poemas mais citados do inglês é "The second coming" do Yeats que termina com o poeta perguntando que besta, sua hora afinal chegada, se arrasta na direção de Belém para nascer. Premonição do Anticristo ou apenas um antecedente bem-educado daquela letra de música – não me pergunte o autor – que dizia "there's a shit-storm a-coming".

Yeats escrevia no começo do século sobre um sentimento de fim de tudo, de um universo moral em decomposição, quando "as coisas se despedaçam, o centro não agüenta e a pura anarquia está solta no mundo" e "os melhores carecem de convicção enquanto os piores estão cheios de intensidade passional". A tempestade de cocô prevista na canção seria o desenlace desta desarrumação de um século ou apenas a projeção de angústias acumuladas na era nuclear. Nos dois casos, a retribuição que se aproximava era difusa. Os poetas não a precisavam, nem a sua hora. Só sabiam que vinha.

Somos todos leigos em futuro. Seja em premonições do apocalipse ou apenas em previsões econômicas, somos todos igualmente imprecisos, ou igualmente poetas. Assim, saber o que vai acontecer este ano, a nós e ao nosso assediado *ringgit*, depende do analista que você lê. Há os que dizem que tudo dará certo e os que perguntam o que nós ainda estamos fazendo aqui, pois o cocô será torrencial. E tanto os pessimistas quanto os otimistas se baseiam em vagos sentimentos, já que ninguém tem a mínima idéia do que vem aí. Pois pior do que ser poeta é ser poeta da periferia, quando não se é dono nem da inspiração.

No fundo, somos todos leigos, o que nos dá um certo sentimento de comunidade, de ignorância calidamente compartilhada. E que venha a besta.

ICEBERGS

Hemingway disse que, numa ficção curta, noventa por cento da "história" devem ficar submersos, alguma coisa assim. Não sei se usou a velha imagem do *iceberg*, mas quis dizer que o autor deveria mostrar ao leitor só a ponta de uma história, e com ela sugerir o resto. Exemplo clássico da sua própria teoria é o conto "Os assassinos", em que Hemingway narra o desfecho de uma perseguição e deixa para o leitor imaginar a história que leva ao encontro dos matadores com a sua presa, e uma explicação para a resignação da presa.

Leitores desta obra de realismo fantástico que é o Brasil de hoje fariam bem em pensar em Hemingway e imaginar como é a história que se desenrola abaixo da sua linha de visão, ou da visão que lhe dá uma imprensa pouco interessada em grandes mergulhos reveladores. Que *iceberg* é esse, afinal, em que a gente se equilibra, conhecendo apenas as suas pontas eventuais e seus detalhes menores? Não se trata de saber só os inconvenientes que não são ditos, as indiscrições institucionais, o quem come quem, a verdadeira história da reeleição que o Newton Cardoso ia contar e desistiu, ou foi desistido etc. Há grandes histórias não contadas sob os textos curtos que vez por outra vêm à tona. Há uma grande história não contada da sucessão na Polícia Federal e outra da guerra com os americanos pelo controle do combate ao narcotráfico, com mais estilhaços políticos do que se pensa. Há uma grande história não contada da redistribuição do capital no Brasil a partir das privatizações, e, portanto, da violenta reordenação de forças em marcha dentro do nosso patriciado, que é a verdadeira história de tudo que está nos acontecendo. Não é para menores.

Alguém já disse, com muita sabedoria, que no fim tudo é só a ponta de um *iceberg*. Ou seja, há grandes histórias por trás até de uma unha quebrada. O diabo é que no Brasil o *iceberg* banal e o *iceberg* vital, o afunda-Titanic, são tratados com o mesmo descaso.

MEMÓRIAS DE UM LEPITÓPI

De certa maneira, conhecer Dublin é trair James Joyce. Stephen Dedalus, o herói autobiográfico de Joyce, precisou trocar a familiaridade de Dublin pelo silêncio e a sabedoria do exílio – "silence, exile and cunning" – para começar a forjar, na usina da sua alma, a consciência ainda por criar da sua raça, como anunciou com típica grandiloqüência irlandesa no final de *Retrato do artista quando jovem*. Joyce/Dedalus voltou a Dublin na memória e a transformou num lugar mítico, uma das cidades-chave da literatura moderna, em *Ulysses* e *Finnegans Wake*. Mas você não chega à Dublin transfigurada de Joyce, chega apenas a outra capital do McMundo. O rio Lifey, mesmo com uma simbólica lua cheia em cima, é apenas um rio que divide a cidade, não é o rio recorrente da vida que passa pelo éden e deságua em si mesmo, ou Anna Livia Plurabelle, a mulher-rio, em *Finnegans Wake*. Nem o homem sentado ao seu lado no *pub* é a condição humana incorporada na última versão do Leopoldo Bloom de *Ulysses*. Aliás, provavelmente é um turista alemão, nada mais longe da condição humana.

A cidade dá a devida atenção a Joyce. Há uma estátua dele numa rua central, um centro de estudos e um museu com seu nome e um

Hotel Bloom (com uma previsível Molly Bar, em homenagem à lânguida sra. Bloom, cujo *stream of consciousnesse* em *Ulysses* fez história literária e escândalo e levou o livro a ser proibido em vários países). Imagino que o dia 16 de junho, em que se passa toda a ação de *Ulysses*, seja comemorado de algum modo na cidade. Mas é impossível evitar a sensação de que Joyce representa para Dublin o mesmo problema que Freud representa para Viena. São dois filhos complicados, com idéias e obras não facilmente reduzíveis para folhetos turísticos, e que têm pouco a ver com o espírito do lugar. Em Viena, o desconforto é maior. A Dublin mitificada de Joyce, afinal, não era um lugar lúgubre. Já Freud lembra tudo que a cidade da valsa e da torta de chocolate nem quer saber.

Mas a Dublin que a gente espera é a vista do exílio, o que quer dizer que se chega lá para desconhecê-la. Depois de passar quatro dias em Dublin e gostar da sua jovialidade e alegre familiaridade, você se sente tentado a pedir desculpas a Joyce. Por confraternizar com o inimigo.

Secos e suculentos

DIFERENÇAS DE ESTILO

Um cínico descreveu a morte de Elvis Presley como uma boa decisão profissional. Ele tinha se transformado numa figura meio grotesca, gordo, fazendo shows vestido de franjas e paetês para platéias de meia-idade, mas recuperou-se depois de morto. A morte livra o artista do envelhecimento e de outras maldades do tempo mas principalmente livra o artista dele mesmo. Sua fatal tendência à autoparódia é interrompida e ele passa a viver apenas nas melhores lembranças do seu público. Com Ernest Hemingway foi assim.

Antes mesmo da sua morte já existia uma competição de paródias do seu estilo, com prêmios para quem pior o imitasse, mas ninguém imitava Hemingway pior que o próprio Hemingway perto do fim.

O famoso estilo "jornalístico" tinha se transformado num maneirismo. Por ironia, o fim de Hemingway coincidiu com o começo do "novo jornalismo", quando o texto enxuto, como mandavam os manuais, foi substituído por um texto mais literário. Quer dizer, nem nos jornais existia mais o estilo jornalístico.

Hemingway e Scott Fitzgerald são sempre citados como os dois inauguradores da literatura americana de hoje porque outros contemporâneos seus, como Faulkner, mais "denso" do que os dois, ou Dos Passos, mais estilisticamente ousado, não foram tão lidos. Hemingway inaugurou a linha seca, Fitzgerald, a suculenta. A linha seca teve seguidores mais populares e acabou predominando entre escritores de livros policiais. Uma exceção seria Norman Mailer, mas este só se parece com Hemingway na preocupação de provar que escrever é um respeitável ofício de macho, pois é tão suculento quanto um Truman Capote. A linha inaugurada por Fitzgerald deu em gente como John Updike, ou na melhor literatura americana, apesar do seu risco constante do overpreciosismo, ou de se afogar no próprio suco.

O centenário do nascimento de Hemingway serviu para recuperar o que ele significou, quando seu espírito e seu estilo eram novos. E meditar sobre o destino dos revolucionários quando a revolução acaba. No fim, Hemingway se encheu das paródias e resolveu liquidar seu imitador mais notório com uma espingarda. Uma boa decisão profissional.

INVENÇÕES

Vladimir Nabokov conta que, quando era conhecido apenas no pequeno mundo dos refugiados russos que viviam entre Paris e Berlim depois da revolução comunista, escrevendo com o pseudônimo de "Sirin", mantinha uma rixa com um crítico, também expatriado russo, chamado George Adamovich. O crítico admirava e elogiava a prosa de "Sirin", mas não gostava dos seus versos e não perdia oportunidade de descrevê-lo como um poeta menor. Nabokov inventou outro pseudônimo, Vasili Shishkov, e usou-o para assinar um poema numa revista literária em língua russa publicada em Paris. Num comentário que escreveu sobre a revista, Adamovich elogiou o poema de "Vasili Shishkov" e ainda especulou que a emigração russa parecia ter finalmente produzido um grande poeta. Nabokov usou a forma de uma entrevista fictícia com o poeta inventado para revelar sua duplicidade e denunciar Adamovich. Mas Adamovich não se abalou. Respondeu, em outro artigo, que aquilo só provava a sua tese: só um grande escritor como "Sirin" seria capaz de inventar um personagem como "Vasili Shishkov" e ainda por cima simular uma inspiração poética muito superior a qualquer coisa que "Sirin", escrevendo versos sob seu próprio nome, conseguiria.

É preciso acrescentar que esta história foi contada por Nabokov num artigo que escreveu para a *New Yorker* em 1950, só publicado agora, e no qual ele fazia a resenha do seu próprio livro de memórias, *Speak, memory*. O artigo, apesar de elogioso, contém diversas críticas de Nabokov a Nabokov. Não se sabe se era para ser assinado com o pseudônimo ou por que não foi publicado, na época. Também não se sabe se o inventor de "Sirin", que por sua vez inventou "Vasili Shishkov", também não inventou "George Adamovich" e toda a história acima – incluindo a revolução russa. Chega um ponto em toda produção intelectual em que fica difícil separar o exagero para efeito, a meia verdade conveniente e a pura ficção. Vejam-se os discursos de posse.

POMBAS E POMBAS

O escritor Bud Schulberg, que também entregou gente para a Comitê de Atividades Antiamericanas, e o diretor Elia Kazan fizeram a apologia da delação no filme *Sindicato de ladrões*. Marlon Brando denunciava a corrupção no sindicato de estivadores para investigadores do governo e também era incompreendido. Era chamado de *stool pidgeon*, a pomba isca que atrai as outras para a armadilha. Alguém disposto a protestar com alguma criatividade pelo Oscar especial que deram ao Kazan no domingo poderia ter atirado uma pomba morta aos seus pés, como fizeram com Brando no filme.

A analogia de Schulberg e Kazan não funciona – afinal, as pessoas que eles delataram, e que não puderam mais trabalhar no cinema, não eram criminosos – mas *Sindicato de ladrões* é um grande filme. Até que ponto a mensagem e o mensageiro podem ser julgados separadamente? T. S. Eliot era um carolão anti-semita que fez a poesia essencial do século. Ezra Pound era fascista. Louis-Ferdinand Céline, do *Viagem ao fim da noite*, era fascista. Jean Genet era um marginal. Heidegger foi um entusiasta do *Führer*. Hemingway, dizem, era dado a maldades, e não só contra bichos.

Norman Mailer esfaqueou a mulher. Hoje, felizmente, interessa menos o que o Nelson Rodrigues escreveu sobre a ditadura militar do que a sua genialidade escrevendo sobre qualquer coisa. Você não precisava concordar com, por exemplo, o Gustavo Corção, ou com o Merquior, para apreciar seu texto – como não precisa concordar com o Roberto Campos para admirar o dele. Tese: a direita sempre escreveu melhor, no Brasil. Talvez porque sempre pôde escrever o que quis e teve mais prática. Hoje quem decide o que vai ler na imprensa dependendo da maior ou menor simpatia do autor com o Éfe Agá ou com o governo pode estar se privando de alguns grandes textos. Na minha opinião, não se mata o portador da má mensagem nem em pensamento.

POMBAS E POMBAS (2)

Lillian Hellman escreveu um livro sobre a caça às bruxas vermelhas de Hollywood pelo Comitê de Atividades Antiamericanas do Congresso americano que acabou com a vida profissional (e em alguns casos com a vida mesmo) de delatados e sujou a biografia de delatores, como o diretor Elia Kazan, que ganhou um Oscar honorário neste domingo. O título do livro de Hellman é *Scoundrel time*, ou *Tempo de patifes*. Um dedo-duro, nos Estados Unidos, é uma *stool pidgeon*, aquela pomba que serve de isca e atrai as outras para a armadilha. No filme que Kazan fez para justificar sua delação, *Sindicato de ladrões*, Marlon Brando cria pombos. Depois que ele entrega os diretores corruptos do sindicato para investigadores federais, encontra todos os seus pombos mortos e é chamado de *stool pidgeon*. Mas existem pombas e pombas. O que ele fez, segundo os autores do filme, foi livrar o sindicato dos bandidos para benefício da maioria. No fim, Kazan e o roteirista Bud Schulberg, que também foi pomba, até transformam Brando numa espécie de Cristo, sobrevivendo ao martírio de uma surra para liderar os estivadores liberados de volta ao trabalho.

Infelizmente, Kazan e Schulberg foram pombas do primeiro tipo, sem fatores atenuantes. Deram nomes de colegas e de ex-companheiros políticos só para expiarem sua culpa por um dia terem tido idéias erradas e para continuarem a trabalhar no cinema. Lillian Hellman disse ao Comitê que responderia todas as perguntas sobre suas atividades e convicções, mas se recusava a informar sobre as dos outros. Os críticos de Hellman disseram que seu livro mostrava pouca compaixão com as vítimas do clima daquela época, que incluíam os delatores, e que ela mesmo foi prudente ao depor, pois sabia que se arriscava, no máximo, ao ostracismo, mas ganharia uma estrutura moral rentável a longo prazo. Como aconteceu. Mas Hellman tinha todo o direito de lembrar que, na hora em que não faltavam desculpas para isto, ela não esteve entre os patifes. Elia Kazan não pensou a longo prazo.

Mas *Sindicato de ladrões* é um grande filme, e nem é o melhor filme dele.

(Em tempo. O senador Joseph McCarthy deu nome à histeria anticomunista da era, mas não fazia parte do comitê na ocasião da investigação de Hollywood. Veio depois. Quem fazia parte era Richard Nixon. Outro patife.)

CINISMO

Shakespeare gostava de usar seus vilões para dizer o indizível, e eles eram quase sempre os únicos personagens lúcidos das suas peças, os únicos sem qualquer ilusão sobre a sua própria motivação e a dos outros. Edmund, o bastardo, em *Rei Lear*, tem um célebre discurso sobre "the excellent foppery of the world", a maravilhosa vaidade do mundo, ao atribuir o mau comportamento humano à influência dos astros e à interferência do além. É um racionalismo irônico surpreendente no começo do século 17, quando o próprio Shakespeare não hesitava em recorrer a fantasmas e divinações para tocar suas tramas, e só explicável pela licença para ser cético dada pelo autor a vilões da sua preferência. Nunca fica bem claro o que leva Iago a ser um calhorda tão completo em *Otelo*, mas ele ostenta a própria vilania com gosto e até um certo distanciamento crítico. Nada é tão moderno em Shakespeare quanto os seus vilões. Quando Verdi fez uma ópera da peça, deu a Iago uma ária, "Creio num Deus cruel", e um motivo mais grave e filosófico para sua perfídia, mas ele era mesmo apenas um mau-caráter equipado com autoconhecimento – e, claro, ótimas falas. Descartada a nova interpretação, de que se tratava de um homossexual reprimido apaixonado pelo negrão.

O maior bandido shakespeariano de todos é Ricardo III, cuja vilania autoconsciente parece ainda mais moderna porque envolve também uma fria reflexão sobre o poder e o que ele obriga.

PREABSOLVIÇÃO

O poeta inglês W. H. Auden escreveu que o tempo, que é intolerante com o bravo e o inocente e esquece numa semana uma figura bela, adora a linguagem e perdoa todos os que vivem dela, e que com esta estranha disposição perdoa a Kipling sua opinião e perdoará tudo em Paul Claudel só pelo que ele botou no papel. (Mais ou menos isto. As rimas ruins são deste tradutor amador.) O tempo de Auden só precisa de mais tempo quando o pecado do artista, como o dos reacionários Kipling e Claudel, for o da ideologia errada, pois a única inconveniência intolerável no artista é a incorreção política. Mas mesmo os incorretos, cedo ou tarde, são absolvidos. Assim um Louis-Ferdinand Celine continua esperando a remissão que o tempo já deu a, por exemplo, Nelson Rodrigues, e que um Jean Genet e um Paulo Francis nem precisaram esperar.

O político não tinha o mesmo privilégio. Um artista podia ser um canalha em particular se sua obra o redimisse. Uma única gravura do Picasso absolve uma vida de mau caráter. Hoje estuda-se a obra do Marques de Sade com a mesma isenção moral com que se estuda a obra de Santo Agostinho – que nem sempre foi santo – e ninguém quer saber se um escritor enganava o fisco ou batia na mãe se seus livros são bons. Bem, querer saber, queremos, mas pelo valor do fuxico, não para informar a apreciação.

O político que declaradamente roubava, mas fazia, reclamava para si um pouco desta desconexão entre moral privada e moral aparente. Sua obra justificava seus pecados, quando não era uma decorrência deles. O sistema brasileiro de conivências e deixa-pra-laismo presumia e preabsolvia a desconexão. Hoje você nem precisa ser um corrupto declarado para conquistar o privilégio do artista de ser julgado apenas pelos seus resultados ou pelo seu estilo. Toda a cultura do clientelismo, em que o suposto proveito substitui a ética, está baseada na desconexão conveniente. O imenso arranjo político que foi a compra da aprovação da reeleição de Éfe Agá já está absorvido e absolvido pelo grande projeto anunciado, os 20 anos que nos levarão ao paraíso segundo o PFL.

O tempo de Auden adora a linguagem e perdoa seus craques, os tempos modernos do liberalismo incontestado adoram o sucesso e perdoam todos os seus meios.

MAR DE PALAVRAS

Três náufragos cegos: Homero, Joyce e Borges, à deriva num mar de palavras. Seu navio bateu numa metáfora – a ponta de um *iceberg* – e foi ao fundo. Seu bote salva-vidas é levado por uma corrente literária para longe das rotas mais navegadas, eles só serão encontrados se críticos e exegetas da guarda-costeira, que patrulham o mar, os descobrirem na vastidão azul das línguas e os resgatarem de helicóptero. E, mesmo assim, se debaterão contra o salvamento. São cegos difíceis.

* * *

Joyce é o único que enxerga um pouco, mas perdeu seus óculos. Só enxerga vultos, silhuetas, esboços, primeiros tratamentos, meias palavras, reticências. Mesmo assim, diz que a mancha que vislumbra no horizonte é Dublin. Sim, é Dublin, ele a reconheceria em qualquer lugar. "Tudo é Dublin para você", comenta Borges, deixando sua mão correr fora do barco. Súbito, Borges pega alguma coisa. Uma frase. Ergue a mão que segura a frase gotejante e pergunta o que é. Um conceito? Uma estrofe? Em que língua?

– É Dublin – diz Joyce.

* * *

– É Dublin, do meu "Ulysses" – diz Joyce.

– Do *meu* Ulisses – diz Homero.

– O meu Ulisses contém todos os ulisses da História. O seu Ulisses foi apenas o primeiro. E ele nunca esteve em Dublin.

– O meu Ulisses não esteve em lugar nenhum. Voltou de todos.

– Você está sendo mais obscuro do que nós, Homero – reclama Borges. – Você não pode ser obscuro. Você é o primeiro poeta do mundo. Se você já começa obscuro, o que sobrará para nós, que viremos depois? Seja claro. Seja linear. Seja básico. Seja grego, pombas.

– Todas as histórias são a história de uma volta – diz Homero.

– Pelo mar de palavras só se volta – concorda Joyce.

– Meu Ulisses voltava para Ítaca. Você voltava para onde, Joyce?

– Dublin. Sempre Dublin.

– Eu voltava para a biblioteca do meu pai – diz Borges. – Aliás, como o Ulisses do Homero, eu nunca estive em outros lugares. Sempre voltei deles. E voltei para a biblioteca do meu pai. Onde desconfio que estou neste momento.

– Você está no mar – diz Joyce.

* * *

– Você está no mar.

– Como você sabe que isto é mar? – pergunta Borges.

– Porque sinto o cheiro da minha mulher, Nora, que a Irlanda lhe seja leve. Nora Barnacle. Nora Craca. Meu pai disse que, com esse nome, ela nunca desgrudaria de mim. Tinha razão.

– Nora Craca – sorri Homero, sem que os outros vejam. – Uma Nora Craca não ficaria esperando, como Penélope. Uma Nora Craca iria junto.

– As mulheres se dividem em Penélopes e Noras Cracas – diz Joyce. – As Penélopes esperam. As Noras Cracas grudam.

– Quem me assegura que eu não estou na biblioteca do meu pai, com o fantasma de dois poetas? A biblioteca do meu pai também era úmida, e evocativa, e tinha cheiros.

* * *

– Para Dublin! – diz Joyce, de pé na proa do barco, ou o que ele julga ser a proa, apontando para a vaga mancha no horizonte.

– Os ventos estão para Ítaca – diz Homero.

– Ítaca não existe mais – protesta Joyce.

– Diga isso aos ventos – responde Homero.

– Mas não temos velas, não temos remos, não temos motor de popa, pelo que sabemos não temos nem popa, não temos nada. Salvo o nosso gênio, que não leva a lugar algum – diz Borges. – Estamos perdidos!

– Não estamos perdidos, Borges. Conhecemos este mar como ninguém. Já o cruzamos, em pensamento, mil vezes. Com Homero, que o inventou. Com Camões, com Conrad, com Sinbad, com o Capitão Nemo no "Nautilus", com o Capitão Ahab no "Pequod". Já ouvimos as suas sereias, já mergulhamos nos seus abismos e mijamos no fundo. Ninguém se aventurou neste mar como nós. Muitas dessas ondas fomos nós que fizemos. E é um mar feito de tudo que nós amamos. Letras, palavras, frases, parágrafos, capítulos, alusões, memórias, imagens e o cheiro de craca... Não estamos sozinhos. Não estamos perdidos. Sabemos onde estamos, e onde fica Dublin. O que mais um homem precisa saber?

– Como chegar lá – diz Borges.

– Eu sei como chegar a Dublin. Eu voltei.

– Não voltou diz Homero.

* * *

– Como, não voltei?!

– Você nunca voltou a Dublin. Eu nunca voltei a Ítaca. Borges nunca voltou à biblioteca do seu pai. Podemos tê-las evocado, mas elas não estavam mais lá. Não é só Ítaca que não existe mais. Nenhum lugar do nosso passado existe mais. Evocá-los é uma maneira de acabar de destruí-los, de povoá-los com mortos. Acreditem, eu sei. Pelo mar de palavras não se volta a lugar algum.

– E se formos resgatados por teóricos de helicóptero? Continuamos lidos. Revisionistas loucos para nos reexaminarem é que não faltam. Cedo ou tarde nos tirarão daqui.

– Não, você não entendeu? Não somos mais nós, somos apenas as nossas palavras. Não nos distinguirão delas. Se pularmos, nos confundirão com símiles voadores; se abanarmos os braços, nos confundirão com narrativas tentaculares ou outras criaturas do mar. Nos fundimos com a imensidão azul das línguas. Jamais sairemos vivos daqui.

– Quer dizer que tudo isto, a ponta do *iceberg*, este naufrágio, esta conversa, era apenas uma encenação? Uma representação de como acabamos, com todo o nosso gênio? – pergunta Joyce.

– É – responde Homero.
– O mar de palavras, então, é a morte?
– Não. É a eternidade.
– Eu sabia – diz Borges. – A biblioteca do meu pai.

O INSUBMERGÍVEL OSCAR WILDE

Depois do "Titanic", a próxima mania internacional pode muito bem ser Oscar Wilde. A comparação não é gratuita: como o "Titanic", Wilde também era grande e divertido e acabou num desastre. E ele também está sendo resgatado do fundo – no seu caso *de profundis*, o título do livro que escreveu na cadeia, onde o botaram por conduta imoral. Uma montagem da sua peça *Um marido ideal* faz sucesso no mundo todo, e peças e filmes sobre ele, com uma "releitura" do seu humor, da sua tragédia e até da sua política (o *dandy* quintessencial e defensor da arte pelo prazer da arte era um socialista declarado) se sucedem. Como aconteceu com o "Titanic", Wilde volta à tona transformado pela técnica e pela sensibilidade modernas. Sem necessidade de efeitos especiais.

Hoje é tão difícil imaginar um fim parecido com o de Wilde para um homossexual, como era difícil, na época, imaginar o "Titanic" afundando. Por isso, a reconstituição de Wilde, como a reconstituição do "Titanic", pode esquecer o horror dos fatos e se concentrar no seu significado, visto desta distância no tempo, e no efeito humano das convenções e pretensões da época. Em "Titanic" o horror é tão secundário que o filme se transformou num romanção, visto muito mais pelo público feminino do que pelos adeptos naturais de filmes-desastre. É o maior filme-para-mulheres de todos os tempos. Desta distância moral, o drama de Wilde deixa de ser um escândalo e podemos nos concentrar no artista e no seu tempo. Já é um lugar-comum dizer que o fim do "Titanic" simbolizou o fim tardio do século 19. Que junto com o "Titanic" naufragou um mundo inteiro, e que poucas das suas ilusões sobreviveram. A era victoriana sobreviveu a Oscar Wilde – sobreviveu à própria Rainha Victoria, que morreu um anos depois dele –, mas as suas contradições nunca produziram nada tão fascinante.

VANGUARDAS

Dá para construir um bom argumento para a tese de que nunca é no centro que aparecem as vanguardas culturais, que a metrópole é onde a cultura respira melhor, mas as novidades vêm das margens. "Nunca" pode ser um exagero, mas no caso do modernismo europeu foi assim. Se você concordar que França, Inglaterra, Alemanha e, vá lá, Itália eram o "centro" cultural do mundo no começo deste século, a vanguarda vinha da Irlanda de Joyce, Yeats e Beckett, da Checoslováquia de Kafka, da Viena de Musil, Wittgenstein, Schönberg e Freud, da Espanha de Picasso e da Escandinávia de Strindberg – numa definição algo arbitrária de vanguarda. Isso sem falar nos Estados Unidos de Dos Passos, Pound, Eliot, etc., e na Rússia de Stravinski. No Brasil aconteceu coisa parecida e, descontada a Semana de Arte Moderna e suas conseqüências, foi de fora da metrópole Rio-São Paulo que chegou o novo. Do Nordeste, de Minas e do Rio Grande do Sul, mesmo que, em muitos casos, a novidade viesse disfarçada pelo regionalismo.

Erico Verissimo um escritor de vanguarda? Acho que sim. Foi um dos primeiros a fazer literatura urbana no Brasil, a preferir o despojamento anglo-saxão à empolação ibérica e francesa e a escrever com uma informalidade que não excluía experimentar com estilos e técnicas de narrativa. Talvez nenhum outro escritor brasileiro do seu tempo fosse tão bem informado sobre a teoria do romance, embora se definisse como apenas um contador de histórias. Foi ingênuo e lírico na sua primeira fase, até *O tempo e o vento*, mas mesmo nos primeiros romances, que conquistaram um público inédito e fizeram sua reputação de autor popular, há uma constante, nem sempre reconhecida, aguda observação social e uma construção de tipos aliada a um controle de técnica pouco comum, na metrópole ou fora dela. Em *O tempo e o vento* não se sabe o que é mais espantoso, a ambição do autor ou o fato de que conseguiu realizá-la. É o único exemplo que eu conheço na literatura mundial de uma obra que se dobra sobre si mesma, se olha e se desmistifica. O terceiro volume da trilogia é uma repetição do primeiro, com o épico sendo substituído pelo introspectivo, e o admirável é que nem o épico é falso nem a introspecção que o comenta é menos, bem, épica. Acho que nunca se deu a devida atenção à carpintaria revolucionária de *O tempo e o vento*. O Gabriel Garcia Marquez, lá de outra margem, a reconheceu, e diz que foi um dos livros que o influenciaram na construção do *Cem anos de solidão*. Nos livros que escreveu depois de *O tempo e o vento*, meu pai aprimorou seu domínio da narrativa. Na única vez em que o ouvi se queixar de uma desatenção dos críticos, comentou que ninguém notara o jogo com cores que fizera em *O prisioneiro*. *Incidente em Antares*, claro, é o quarto volume de *O tempo e o vento*, a história agora contada com amargura.

Ao contrário dos seus co-"vanguardistas", que convergiram para o centro, Erico Verissimo ficou na margem. Não sei se isto criou algum tipo de ressentimento. Ele nunca se sentiu excluído, que eu saiba, de nenhum tipo de "panelinha" literária e tinha um ótimo relacionamento com escritores do centro do país. Mas não participava da vida literária da metrópole, e sua condição de autor de boa venda, um dos dois únicos escritores brasileiros da época que podiam viver só dos seus livros, também o colocou numa espécie de periferia, vista do centro com alguma desconfiança. Sei que o Graciliano Ramos detestava o meu pai, embora nunca, acho eu, tenham se encontrado. Quando conheci o Ricardo Ramos, nós rimos muito desta implicância, à qual meu pai nunca deu maior importância. Se a distância do centro, além da popularidade, explica a falta de uma avaliação crítica mais perspicaz, digamos assim, da obra de Erico Verissimo, não sei. Mas foi uma distância que ele preferiu, e que nunca significou mais do que um apego ao seu chão e à sua casa.

O feitiço do livro

LOLITA

Lolita está para a obra de Vladimir Nabokov um pouco como *Cântico dos cânticos* está para a Bíblia. Os dois textos exigem alguma ginástica dos seus explicadores. Já vi o grande poema erótico de Salomão ser interpretado como uma declaração cifrada de amor a Deus, e até os fundamentalistas, para quem tudo na Bíblia é verdade literal, fazem uma exceção e admitem metáfora, no caso. *Lolita* seria outra anomalia: o livro pornográfico de um autor que pouco usou o sexo, pelo menos explicitamente, no resto da sua obra. Há, mesmo, mais sexo no resto da Bíblia do que nos outros livros do Nabokov. E os explicadores de Nabokov, que também incluem alguns fundamentalistas, brigam contra a idéia de que *Lolita* é pornografia. Com mais razão do que os exegetas bíblicos. Descontado o seu escândalo básico – o fato de tratar do amor de um homem maduro por uma menina de 12 anos – o livro tem poucas cenas gráficas de sexo e quem o procura pela bandalheira se decepciona – só tem literatura, pô!

Grande literatura. É o melhor livro do Nabokov, e deve voltar a ser procurado pelas razões erradas com o lançamento da sua segunda versão em filme e o novo escândalo que está provocando. A pedofilia é o último tabu sexual e o barulho, mesmo hipócrita, é compreensível. Sou do time da metáfora e acho que *Lolita* é sobre a corrupção da sensibilidade européia pela inocência americana. E sobre o seu autor, que não era, que se saiba, um pedófilo mas uma espécie de resumo da experiência intelectual da Europa neste século, incluindo o desterro e o terror. Da cultura refinada até quase a extinção, certamente até a auto-repulsa, que acabou, fascinada, revigorada e finalmente derrotada, nos jovens braços da América.

Nabokov teve mais sorte que seu *alter-id* literário. Foram os direitos autorais do livro e a notoriedade que ele ganhou depois que permitiram a Nabokov voltar a morar na Europa e viver só da literatura. Metaforicamente, *Lolita* lhe devolveu a juventude.

DEPOIS

O livro *Rumo à estação Finlândia*, de Edmund Wilson, publicado em 1940, é a história de uma idéia, a que o mundo social é uma obra dos homens e não dos deuses ou do acaso, e culmina com a chegada de Lenine a São Petersburgo em abril de 1917 para liderar a revolução comunista em curso na Rússia. O livro tem alguns achados. Wilson foi o primeiro a descobrir, ou pelo menos a enfatizar, a importância de Giambattista Vico na história da heresia revolucionária e a lhe dar na política o mesmo *status* que James Joyce, apaixonado pelas suas idéias sobre mitos e ciclos históricos, deu na literatura. (Na verdade, o estranho napolitano que publicou a primeira edição da sua Nova Ciência em 1725 já foi redescoberto, desde então, como precursor de tudo, desde a psicanálise até o existencialismo, embora tenha vivido e morrido como um católico devoto.) Mas o livro de Wilson tem muitas simplificações discutíveis e o próprio autor acrescentou os posfácios desencantados de praxe nas edições seguintes. É memorável principalmente pela imagem que lhe dá o título, da chegada de Lenine à estação ferroviária Finlândia depois dos longos anos de exílio, o teórico da revolução chegando ao fim da sua temporada de pregação e espera e desembarcando na sua conseqüência, pisando ao mesmo tempo no chão da pátria reavida e na sua idéia transformada em fato e paisagem. Todo intelectual no poder deve ter a cena como uma espécie de matriz sentimental, e deve ter o bom senso de manter as proporções. Ela nunca mais se repetirá exatamente assim.

Depois da chegada à estação Finlândia, qualquer estação Finlândia, há o inevitável dia seguinte, aquele longo dia no qual nenhuma idéia sobrevive com a clareza original e os fatos engolem as boas intenções. "Depois da estação Finlândia" podia ser o título da história pessoal de gente como Wilson, que, quando perdeu a crença na suprema heresia humanista, a da possibilidade da transformação do homem pelo homem, perdeu a crença na própria razão. Wilson morreu acreditando que a racionalidade era um luxo para poucos, e inaplicável no mundo. Vez que outra, em partes imprevisíveis do mundo, chega um trem a uma estação Finlândia e alguns entusiasmos se reacendem, mas é sempre o trem errado. Ou então chega no dia seguinte, e quem desce já é a desilusão.

RESSENTIDOS

Harold Bloom defendeu o seu "cânone" contra os multiculturalistas e chamou a reação destes ao suposto domínio de "homens brancos mortos" sobre o pensamento ocidental de "cultura do ressentimento". Não deixa de ter razão. O politicamente correto pode chegar ao ridículo e à denúncia de toda a história convencional e da cultura tradicional como, no fundo, machistas, racistas e ultrapassadas, é um simplismo, para não dizer uma bobagem. Há uma grande tradição herética que cresceu junto com a tradição que os multiculturalistas combatem e que não pode ser condenada apenas pela má companhia. Mas, se o ressentimento é a explicação dos exageros, a questão é saber até que ponto o ressentimento se justifica. Índios, negros, mulheres e outras vítimas do homem branco podem muito bem dizer que têm outra história, muito diferente, para contar e outro "cânone" para cultuar.

Uma das grandes obras recentes do ressentimento é o *Black Athena*, de Martin Bernal, em que o autor desafia todas as idéias estabelecidas sobre a Grécia Antiga e defende a tese, que dá o subtítulo ao livro, *Das raízes afro-asiáticas da civilização clássica*. A tese de Bernal, segundo a qual houve uma supressão deliberada das origens negras e semitas da civilização helênica por historiadores dos séculos 19 e 20, não foi levada muito a sério pelos seus pares, mas sua implicação maior é fascinante. A história é fruto da história: os preconceitos e as conveniências de uma era determinam como ela escreverá a história e interpretará o passado para o futuro. Substitua a conveniência de uma origem ariana para a Grécia pela conveniência de uma interpretação neoliberal para a história contemporânea e você terá uma idéia do poder de homens brancos e vivos, muito vivos, sobre o pensamento alheio.

Mas, felizmente, sempre há algum ressentido contando outra história.

VICE-VERSA

Eu estava lendo um comentário sobre o livro de Salman Rushdie, *O último suspiro do mouro* e tive uma hipofania, que é o nome adequado para uma revelação do óbvio, ou uma epifania de cavalo. Concluí que não há nada como um dia depois do outro. Podem me citar. O suspiro do título do livro é do sultão Boabdil, o último governante mouro da Espanha, e foi dado quando ele deixava Granada, em 1492, no fim de oitocentos anos de domínio árabe da península. A retirada de Boabdil e dos árabes representou a derrota de uma civilização culta, pluralista e tolerante para um movimento religioso politicamente motivado, intransigente e obscurantista, a Igreja da Contra-Reforma. A Reconquista da Espanha, como a conquista do Novo Mundo, foi um triunfo do primeiro fundamentalismo internacionalmente organizado da História, e as mesmas coisas que apavoram o mundo, hoje, no integralismo islâmico serviram para correr com os islâmicos indefesos, e algo escandalizados com tanto primitivismo, da Espanha. As civilizações do Novo Mundo também não estavam preparadas para o cristianismo mobilizado e sua catequese pelo terror. O resultado é que somos todos, de uma maneira ou de outra, filhos do *jihad* cristão.

Os indivíduos, como as civilizações, também trocam de pólos, e passam de escandalizados a primitivos, e vice-versa, numa existência. Nunca diga dessa água não beberei (anotem essa também) ou dessa barbaridade estou livre – o próximo fanático a aparecer na sua frente, disposto a obliterar as idéias dos outros, pode ser você mesmo. A jornada que tantos desta geração fizeram, da extrema esquerda para a extrema direita, tem uma explicação fácil: a vocação deles era mesmo pelo extremo. Mais complicada é a migração da meia esquerda para a meia direita, que muitas vezes parece mais radical, justamente porque não tem a desculpa psicológica. São mudanças pela conveniência política, pelo fato de se estar no poder em vez de fora, pelo interesse ou a vaidade do momento. O fato é que muitas vezes o pluralista de ontem pode ser o fundamentalista de hoje, e nem as maiores convicções democráticas estão a salvo do vice-versa ao contrário.

OS PORTOS NÃO PRESTAM

Em *Os irmãos Karamazov*, Dostoiévski conta a parábola do grande Inquisidor. Jesus Cristo reaparece em Sevilha, Espanha, durante a Inquisição. É identificado como o legítimo Salvador pelo povo – e imediatamente preso por ordem do Grande Inquisidor. Que vai visitá-lo na prisão.

***

O Inquisidor representa o cristianismo institucionalizado, a Igreja no poder. Durante o encontro, só ele fala, justificando a prisão e o novo martírio que aguarda sua presa. É uma figura inverossímil, pois nenhum chefe da Igreja da Inquisição teria tão exata e cínica noção do seu papel. Os inquisidores costumam acreditar na própria missão divina. Mas vale como artifício literário.

***

A Igreja, diz o Inquisidor a Jesus, não pode tolerar um novo Messias. Assim como Jesus renunciou ao poder de transformar pedra em pão para não interromper sua agonia no deserto, pois a agonia era melhor para o seu espírito do que o alimento, a Igreja renunciou ao exílio e trocou o deserto e a fome depuradora pelo poder. Jesus anunciou que não trazia a concórdia e sim a espada e que sua justiça valia mais do que a paz entre as gerações. A Igreja armou-se para assegurar a paz entre as gerações e perpetuar-se no poder, usando a espada contra as gerações rebeldes. Só um Estado protegido da rebeldia dos Cristos pode projetar a felicidade dos seus súditos, diz o Inquisidor.

***

Jesus é a fome e a idéia desestabilizadora da pureza possível, da revolução permanente. A Igreja é a promessa, não da pedra transformada em pão mas do pão e da segurança possíveis. Jesus é o inconformismo, a Igreja é a mãe constritora e apaziguadora, e tirana quando for preciso. A felicidade está no colo da Igreja, diz a Igreja. O Messias traz o caos na ponta da sua espada. Liberta uma geração da outra, mas não transforma liberdade em felicidade. Não fica no poder, e só o poder pode dar a justiça possível.

***

No fim da parábola, Jesus, sem palavras, beija o Inquisidor na boca. O que o seu silêncio diz é que o poder é sempre injusto. Mas ele será crucificado outra vez, e a verdade que ficará é a do Inquisidor: liberdade e felicidade são aspirações opostas. A liberdade leva ao exílio, ao martírio, à crucificação e à recrucificação. Leva a um cadáver sujo sobre uma mesa tosca na Bolívia, cercado de pseudocenturiões.

***

"Viva rápido, morra jovem e seja um cadáver bonito." A frase é de um livro de Willard Montley, escritor americano de segundo time, que depois virou filme, *Knock on Any Door*. Não me lembro do título em português. Outra história antiga. No filme, o jovem que acabava como um cadáver bonito era John Derek. Seu fim prematuro no filme se dá na cadeira elétrica e, antes de morrer, ele penteia o topete. Heróis autodestrutivos são moda desde os gregos, ou antes, mas, depois dos anos 50, jovens rebeldes com topete e sem causa procurando a morte se tornaram um chavão cultural.

***

Mas vidas reais notoriamente rápidas não costumam dar cadáveres bonitos. James Dean morreu estraçalhado. Charlie Parker tinha 35 anos quando morreu, mas o médico legista lhe deu mais de 60. O corpo sacrificado de Che Guevara naquelas fotos só é bonito para românticos mórbidos – ou para os que gostam de ver presas abatidas.

***

Dizem que foi um erro deixar o Che com os olhos abertos, que os olhos do Che sobreviveram ao sacrifício, que no fim a vitória foi dele. Mas os olhos também estão derrotados. Há um continente derrotado atrás daqueles olhos. Esta também é uma velha história: ficamos com a literatura do bom combate perdido e de cadáveres inspiradores; eles ficam com o continente.

***

Imagine o Che desembarcando em Cuba, saudado pelo povo – e sendo imediatamente preso e levado à presença de Fidel. Seria um encontro certamente mais amistoso do que o do Grande Inquisidor com Cristo, mas Fidel teria razão em levar o mesmo papo com seu ex-companheiro. Che em Cuba seria sempre uma sugestão de rebeldia ou uma lembrança constante das distorções da fé que os unia. Também seria um cristo incômodo.

***

De certa forma, Dostoiévski poderia escrever, como escreveu Shakespeare sobre o golpe de estado que derrubou César, que a sua cena se repetiria muitas vezes através da História, em Estados ainda por nascer. Pode-se até imaginar um encontro parecido – num plano menos dramático, claro – entre o Fernando Henrique Cardoso dos seus tempos de contestador e o Éfe Agá de hoje. Só não dá para imaginar que o Fernando Henrique de antes ficasse quieto como o Cristo da parábola.

***

Os dois falariam muito e o Éfe Agá diria mais ou menos o que disse o Inquisidor – numa versão, assim, socialdemocrata. Sempre se chega ao poder com o sacrifício de um sonho, mas não se pode sacrificar o poder pelo sonho, ainda mais se era um sonho imaturo. O poder também pode ser o amadurecimento do sonho, diria Éfe Agá. Ou o seu apodrecimento, diria Fernando Henrique, o de antes.

***

Conhecendo-se os dois, é provável que o encontro terminasse empatado.

***

Num livro de recordações da sua vida no mar, Joseph Conrad lembra a frase de um velho marinheiro que odiava portos. "Portos não prestam – os navios apodrecem e os homens vão para o diabo", diz o velho marinheiro. Che imaginava que se podia navegar evitando os portos e a sua danação. Fidel preferiu o porto. Não sei se ele se danou, mas não fez a escolha mais inspiradora. De qualquer forma, o seu vai ser o cadáver de um almirante de barbas brancas. E limpo.

FEITIÇO

Há pouco me pediram um comentário sobre os quarenta anos da publicação de *Grande Sertão: Veredas*, e eu escrevi que a melhor coisa que o tempo tinha feito a Guimarães Rosa era diminuir sua influência. Hoje fica difícil dar uma idéia do impacto do *Grande Sertão: Veredas*, na época. De repente todo autor novo estava tentando escrever como Guimarães Rosa. Concursos literários acabavam transformados em torneios de imitadores do Rosa, e como o estilo dele era pessoalíssimo e ninguém tinha o seu gênio, a influência fez mal à obra. Lembro que quando finalmente decidi enfrentar o *Grande Sertão* fui com uma certa má vontade. Os imitadores tinham transformado o jeito de escrever de Rosa num rosário de maneirismos, e a prosa difícil sem a poesia e a dimensão mítica, ou com má poesia e significado postiço, ficava apenas difícil. Instruído a resistir à tentação de desistir antes da décima página, pois na décima primeira estaria fatalmente enfeitiçado, me enfeiticei na segunda.

A reputação do autor aumentou na medida em que o tempo destruiu a sentença, passada por críticos da época, de que ele estava inaugurando uma nova linguagem para o romance brasileiro. Hoje, que eu saiba, ninguém escreve como Guimarães Rosa, e isso só contribuiu para enfatizar a singularidade da sua obra. O universo de Rosa não transbordou para a linguagem literária do país, o "Sertão" não virou mar, como se anunciava. Antes permaneceu como uma obra imponentemente única e estanque, um castelo sem feudo e sem vizinhos. Ainda mais admirável porque podemos admirá-la sem o compromisso de, de alguma forma, continuá-la, ou enquadrá-la em qualquer corrente ou cronologia. Como nenhum outro, Rosa comprovou a platitude com que o mundo inteiro está no nosso quintal. Só que o quintal dele já era um mundo tão rico e dramático que nem precisava evocar o resto. Foi ao mesmo tempo nosso escritor mais regional e mais universal, mais arcaico e mais moderno, e não deixou nenhum herdeiro reconhecível. Confesso que reli alguns dos contos, mas nunca mais me aventurei no *Grande Sertão* depois daquela primeira incursão mágica. Mas não tenho dúvida de que o feitiço funcionaria outra vez.

PERIGO

Entre os livros mais vendidos da Bienal do Livro de São Paulo devem estar esses que ensinam as pessoas a fazer sucesso. Eles trazem um risco que não está sendo devidamente analisado. São livros persuasivos e eficientes que chegam a um número cada vez maior de leitores, convencendo-os de que eles são vencedores e de que nada pode detê-los. Mostram às pessoas como otimizar seu potencial para o sucesso, como adquirir autoconfiança e controle sobre suas vidas, como impor sua vontade aos outros e chegar ao topo. O resultado é que cresce assustadoramente o número de vencedores nas ruas, numa sociedade em que as chances de vitória são claramente limitadas a quem tem pistolão e o topo já está tomado. As pessoas que otimizaram o seu potencial, e na falta do que fazer com ele, ficam flexionando-o ameaçadoramente para os outros.

Todos nós sabemos como o excesso de autoconfiança pode ser desagregador, principalmente em locais públicos. As pessoas com controle sobre sua própria vida são geralmente as que nos empurram, buzinam atrás de nós no trânsito e furam a fila do cinema. Um nível muito elevado de autoconfiança nos membros de um mesmo grupo leva ao desentendimento e muitas vezes à violência, inviabilizando o convívio social. Muitas pessoas não se limitam a ler um só livro de auto-ajuda. Compram vários, e sofrem a séria ameaça de se tornarem megalomaníacas. Uma overdose de confiança pode levar a delírios de grandeza e ao internamento, e, até, à morte, no caso de algum inferior se sentir humilhado e partir para o estrangulamento do vencedor.

Para evitar que se chegue a este ponto, deveriam começar a lançar livros que levem as pessoas a reexaminar sua recém-conquistada certeza e vitória e a pensar se ela não é um pouco irrealista, se um empate não seria suficiente. Livros chamados, por exemplo, *Você é pior do que pensa*, mostrariam que qualquer melhora na opinião que temos de nós mesmos é sempre comprometida pela falta de objetividade e provavelmente é um engano. Haveria capítulos com títulos como *Sair da cama de manhã: isto é realmente necessário?*, *Dez razões pelas quais nada vale a pena*.

A tarefa é urgente, pois os autoconfiantes proliferam e em breve estarão por toda parte, falando alto e com seu potencial otimizado ocupando todo o espaço. Inclusive barrando o acesso dos céticos e dos pessimistas às editoras.

Conheça mais sobre nossos livros e autores no site
www.objetiva.com.br
Disque-Objetiva: (21) 2233-1388

markgraph

Rua Aguiar Moreira, 386 - Bonsucesso
Tel.: (21) 3868-5802 Fax: (21) 2270-9656
e-mail: markgraph@domain.com.br
Rio de Janeiro - RJ